Freiheit im Herzen

EVELIN CHUDAK

Freiheit im Herzen

**Vertraue
deinen eigenen
Entscheidungen.
Impulse für mehr**
Selbstliebe.

Eden
BOOKS

Inhalt

Vorwort

Manche von euch kennen mich schon durch meinen Blog *Modern Hippie*: Ich bin Evelin Chudak, und meine treibenden Kräfte sind Freiheit und Liebe.

Seit ungefähr fünf Jahren ist es normal für mich, als Autorin und Bloggerin durch die Welt zu ziehen. Ich kann mir aussuchen, wo ich aufwache, wann ich aufstehe, mit wem ich Zeit verbringe und wie viel ich arbeite. Wenn ich es möchte, dann habe ich zwölf Monate im Jahr Sommer und verbringe die Zeit an Australiens Stränden oder umgeben von Balis Reisfeldern. Ich habe mir mein Leben exakt so kreiert, wie ich es mir gewünscht hatte.

Jahre zuvor war ich in meinem Leben gefangen, es hat mir geradezu die Luft zum Atmen abgeschnürt. Ich machte eine Ausbildung, die ich nicht mochte, fing an, internationales Management zu studieren und konnte mein Leben einfach nicht leiden. Es fühlte sich fremdbestimmt an. Es war so, als ob ich einfach nur nach Vorstellungen anderer lebte und meine eigenen Wünsche und Hoffnungen dabei vernachlässigte.

Angst regierte über mein Leben. Die Angst zu versagen. Die Angst, nicht reinzupassen und nicht akzeptiert zu werden. Ich tat das, was vernünftig war, und lernte dabei zum ersten Mal, dass Angst kein guter Begleiter ist.

Diese Zeit führte zu Depressionen und Panikattacken. Ich wollte frei sein, lebte jedoch wie ein Vogel im Käfig. Irgendwann fing ich an zu reisen, und mein Mindset veränderte sich schnell. Ich konnte Freiheit riechen und die Person sein, die ich sein wollte. Es schien mir die beste Option zu sein, ein Weltbürger zu werden. Und das bin ich dann auch geworden. Ich hatte eine Vorstellung von meinem Traumleben, und ich habe mich auf den Weg gemacht, genau das zu bekommen.

Was in den ersten zwei Jahren viel Zeit und Arbeit gekostet hatte, ging danach in einen natürlichen Fluss über. Ich musste kaum noch arbeiten. Zuvor hatte ich immer wieder etwas von »passivem Einkommen« gehört, und dann war genau das für mich plötzlich real geworden. Mein erstes Buch *Freiheit beginnt im Kopf* und mein Blog *Modern Hippie* liefen so gut, dass ich nicht mehr als drei bis vier Stunden in der Woche arbeiten musste. Es war der absolute Wahnsinn zu realisieren, dass das Leben nach den eigenen Wünschen verlaufen kann. Ich lebte also den Traum, den ich leben wollte. Nein, eigentlich war es noch viel besser und viel mehr, als ich erwartet hatte. Ich hatte die volle Freiheit und alle Möglichkeiten, die ich mir nur wünschen konnte. Ich lebte ein Leben, von dem die meisten Menschen nur träumen konnten.

Und trotzdem: Es kam ein Punkt, an dem ich mich plötzlich leer fühlte, an dem immer noch etwas fehlte.

Warum ich über Liebe spreche

Als diese Leere in mein »Traumleben« getreten war, führte mich eine meiner Reisen nach Thailand. Auf der wunderschönen tropischen Insel Koh Phangan entschied ich mich dazu, an einem Atemworkshop (siehe auch Seite 177) teilzunehmen, der mich wortwörtlich wegpustete.

Ich hatte zu diesem Zeitpunkt schon seit vielen Jahren Yoga praktiziert, meditiert und auch mit anderen Praktiken experimentiert. Aber das, was ich dort erleben durfte, war so viel mächtiger und fundamentaler als alles, was ich zuvor ausprobiert hatte. Und ich hatte wirklich schon viel ausprobiert.

Ich durfte auf einmal wahre Freiheit erfahren. Die Freiheit im Herzen. Es war ein unglaublich schönes Gefühl, das keinem anderen bis dahin glich. Jegliche andere Form von Freiheit fühlte sich danach billig an. Nicht echt. Falsch irgendwie. Einfach sehr begrenzt im Vergleich dazu.

Ich erkannte: Liebe ist frei und nicht im Außen zu finden. Wir sind Liebe.

Und ich konnte sie spüren, sehen. Es gab keine Zweifel. Es war eine Erfahrung, die mein komplettes Leben veränderte. So sehr ich es auch versuchte, es war einfach nichts mehr so wie zuvor. Ich habe schnell verstanden: Alles, was nicht von Herzen kommt, ist nur so »lala«. Mein Herz hatte sich so geöffnet, dass ich plötzlich viel mehr spüren und wahrnehmen konnte. In mir, in anderen und in meinem Umfeld. Es zeigte mir, dass wir aus dem Gefühl der Liebe heraus leben sollten.

Welche Rolle die Angst spielt

Als ob mich das Universum testen wollte, schlitterte ich ein paar Tage nach dem Workshop in eine Beziehung, die mich sehr herausforderte. Das Gefühl der reinen und puren Liebe war plötzlich wieder verschwunden.

Ich ließ mich auf diese Beziehung ein. Alles ging unglaublich schnell, und meine alten Muster wurden so sehr getriggert, dass ich nicht wusste, wie mir geschah. Ich fand mich nach ein paar Monaten mit einem sehr niedrigem Selbstwertgefühl wieder, traute meiner eigenen Intuition nicht mehr und fühlte mich, als ob ich schleichend sterben würde. Noch nie zuvor in meinem Leben hatte ich so eine Achterbahnfahrt erlebt. Noch nie hatte ich mich so klein gefühlt.

Die Höhen und Tiefen hielten mich irgendwie in dieser Verbindung fest. Achterbahnfahren ist ja aufregend. Ehrlich gesagt war es einfach nur der pure Wahnsinn. Durch dieses ungesunde Auf und Ab war das Gefühl von Angst wieder präsent in meinem Leben. Angst, mich selbst zu verlieren. Sogar Angst zu sterben, da ich während der Beziehung sehr krank wurde. Ich fühlte mich verloren in Drama. Die Angst regierte erneut über mein Leben. Kurz nach der wundervollsten

Erfahrung war also meine schmerzhafteste in mein Leben getreten.

Noch Monate nach dem Ende dieser Beziehung machte ich mir Vorwürfe. Wie hatte ich mich auf so eine ungesunde und respektlose Verbindung einlassen können?

Und dennoch: All das brachte mich weiter. Ich fing an, diese Erfahrung als die wichtigste meines Lebens zu sehen. Als die Erfahrung, die mich zurück zu mehr Selbstwert und Selbstliebe brachte. Denn es war die lehrreichste Zeit meines bisherigen Lebens. Und solche Zeiten können sehr wertvoll sein.

Es muss keine schmerzhafte Paarbeziehung sein; es können die Eltern, Kinder, Freunde, Arbeitskollegen, der Chef, die Gesellschaft, ein Unfall oder ein anderes einschneidendes Ereignis sein, das uns blockiert, uns die Sicht versperrt und vorerst in Richtung Angst führt – und irgendwann, wenn wir es zulassen, kann die Liebe zurückkehren und sich fest in uns verankern.

Crack yourself open

Ich erkannte im Rückblick viele Muster, die dazu geführt hatten, dass ich mich überhaupt auf so eine Beziehung einlassen konnte. Ich entdeckte Muster meiner Eltern und Großeltern. Zum ersten Mal ging ich noch tiefer und intensiver auf meine eigene Entwicklung ein, ich lernte wieder, mich selbst zu lieben und bessere Entscheidungen zu treffen, indem ich Muster der Vergangenheit, die zum Teil sehr schmerzhaft und ungesund waren, verabschiedete.

Ich durfte wachsen und kam tatsächlich wieder zu dem Gefühl der puren Liebe zurück – trotz und vielleicht auch wegen der negativen Erfahrung in dieser belastenden Beziehung. Diese tiefe Liebe, die ich heute empfinden darf, ist anders. Sie ist gestärkter und bodenständiger, und nach wie vor ist dieses Gefühl mit keinem anderen vergleichbar.

Ich bin durch den Schmerz hindurchgegangen. Wie du das auch schaffen kannst, möchte ich dir in diesem Buch mit Ideen, Anregungen und Übungen zeigen. Ich möchte dich von der Angst in Richtung Liebe führen. Zu mehr Selbstliebe, Vertrauen und Verantwortung.

Denn auch wenn mein Leben an vielen Tagen hoffnungslos schien und es rückblickend so wirkte, als wäre ich einmal komplett aufgebrochen worden, konnte ich erst danach bedingungslose Liebe zulassen. Liebe für mich und für andere.

Ich bedankte mich für diese Erfahrung und schickte bedingungslose Liebe zu den Menschen, die mich verletzt haben. Und genau das ist das Gefühl von Freiheit, das ich dir auch mit auf den Weg geben möchte.

Ich habe Licht in die Wunde gelassen, und Liebe kam dabei heraus. Ich bin stärker als zuvor und habe zurück zur Liebe gefunden. Ich fühle mich freier, geliebter und mächtiger als früher. Die Freiheit, die ich vorher gelebt hatte, war schön, ist aber nicht vergleichbar mit diesem Gefühl, das ich heute erleben darf. Die Freiheit vorher war begrenzt, die jetzige ist unbegrenzt. Denn Liebe ist grenzenlos, sie kann so viel und versucht immer wieder, uns zu ihr zurückzuführen.

Ich dachte, Freiheit bedeutet, die Welt bereisen zu können. Ich war aber nicht frei. Ich spürte erst wahre Freiheit, als ich aus Liebe heraus handelte und die Angst, die mein ständiger Begleiter gewesen war, hinter mir ließ.

Wie ich die Macht über mein Leben zurückholte

Mein Herz kannte das Gefühl von Liebe sehr gut, jedoch rebellierte mein Verstand noch etwas. Erst als ich anfing, bessere Entscheidungen zu treffen, meiner Intuition wieder zu trauen und mir ausreichend Selbstwert einzuräumen, veränderte sich alles. Herz und Verstand gingen plötzlich Hand in Hand.

Ich war im Gefühl der Liebe und vertraute meinem Leben wieder. Dadurch entdeckte ich meine wahre Stärke und konnte sie leben. Und genau das möchte ich für dich auch erreichen.

Denn erst dann wurde es richtig interessant auf meinem Lebensweg. Erst dann öffneten sich Türen, von denen ich vorher nur hatte träumen können. Ich machte eine Yogalehrer-Ausbildung, lernte Theta Healing (eine energetische Heilmethode), schrieb mein drittes Buch und fing an, auch als Rednerin zu arbeiten. Die Verbindungen, die ich ab da in mein Leben zog, waren wesentlich tiefgehender als zuvor. Die Angst war nicht mehr so präsent wie früher. Ich konnte noch offener über meine Sorgen sprechen und konnte plötzlich ganz authentisch sein, ohne Angst vor Ablehnung zu haben. Ich war einfach ich selbst mit einer Portion Selbstliebe und gesunden Grenzen.

Die Perspektive hatte sich verändert.

Wenn du in deine eigene Macht trittst, dann hast du nicht mehr den kleinen Blickwinkel von früher. Du weißt, dass du selbst deinen Mikrokosmos aufbaust und somit viel Verantwortung, aber auch viel Freiheit hast. Du hast die Macht, über dein Leben zu bestimmen und es so zu gestalten, wie du es dir wünscht.

Weshalb ich dieses Buch geschrieben habe

Viele Menschen denken und handeln aus dem Gefühl der Angst heraus. Bewusst oder auch unbewusst. Und das ist verdammt schade, da es unsere Lebensenergie blockiert. Diese Blockade kann zu unerfüllten Träumen, falschen Beziehungen, Krankheiten, Depressionen und vielen anderen Problemen führen. Es ist fast so, als ob das Lebenspotenzial anklopfte und wir es aus Angst heraus nicht einlassen könnten.

Ich zähle auch zu diesen Menschen. Ich bin ein absoluter Schisser und muss mich immer wieder überwinden, wenn es darum geht, etwas Neues zu machen – aus der Komfortzone herauszutreten. Meistens kriege ich es aber irgendwie hin, meinen Kopf davon zu überzeugen, es doch zu tun. Manchmal versuche ich aber auch, Situationen aus dem Weg zu gehen, und das Resultat fühlt sich dann falsch an. Nicht das zu machen, was sich das Herz wünscht, ist schmerzhaft. Es ist enttäuschend, dass die Angst größer ist als der Mut und die Liebe.

Angst führt keinen von uns in die richtige Richtung, und wir treffen aus dem Gefühl der Angst heraus häufig die falschen Entscheidungen. Wir entscheiden uns gegen uns und unser Leben. Angst hält uns von wundervollen Dingen ab. Ich möchte nicht, dass wir später bedauern, dieses oder jenes getan zu haben; uns einfach nicht getraut zu haben.

Heute weiß ich, dass Angst sehr oft absolut keinen Sinn macht, wir aber gelernt haben, sie zu respektieren und unser Leben von ihr bestimmen zu lassen. Angst macht unsere Welt kaputt. Sie zerstört den Planeten und die Hoffnung vieler Individuen.

Ich glaube an ein kollektives Bewusstsein – dass wir alle miteinander verbunden sind –, und es ist sehr wichtig, dass die Liebe über die Angst siegt. Wir sind nicht hier, um uns zu fürchten. Auch wenn uns die Welt oftmals so präsentiert wird. Die Medien zeigen uns, wovor wir Angst haben sollten, indem uns tagtäglich eine Welt gezeigt wird, in der es angeblich mehr Angst als Liebe gibt.

Ich glaube das aber nicht. Ich glaube, dass es von unserem Fokus abhängt. Und ich glaube auch, dass Liebe ansteckend ist.

> Angst hält uns gefangen.
> Liebe ist befreiend.
> Entscheiden wir uns also für die Liebe!

Deine Evelin

Teil 1
Angst

Intro – Über die meisten Leben bestimmt die Angst

Angst vor Verlust.
Angst vor zu viel Nähe.
Angst vor der Ungewissheit.
Angst vor finanziellen Problemen.
Angst vor Krankheit.
Angst vor Ablehnung.
Angst, sich zu zeigen.
Angst vor der eigenen Macht.
Angst vor der Angst.

Angst kreiert Gefängnisse: Aus Angst heraus halten wir an alten Situationen, an Menschen, Problemen und auch Krankheiten fest. Wir erlauben keinen Raum für Heilung und Liebe. Es kann sich nichts ändern, wenn wir uns an die Angst klammern. Denn Angst möchte, dass alles so bleibt, wie es ist. Angst verschließt uns, anstatt uns zu öffnen.

Wir entscheiden uns durch die Angst gegen uns und unser Leben. Meine Angst hat mich schon so viel gekostet und hat mir so viel Schmerz zugefügt: Da waren Beziehungen, die ich zerstört habe, Möglichkeiten, die ich gern wahrgenommenen hätte, vor denen ich aber Angst hatte, Entscheidungen, die ich nicht treffen wollte, da ich Angst hatte, die falsche zu treffen.

Ich habe mich kleingehalten, um mir bloß nicht einzugestehen, was ich wirklich kann. Und ich habe eine Maske getragen, um mein wahres Ich und meine Sehnsüchte nicht preiszugeben.

Angst führt keinen von uns in die richtige Richtung.
Angst ist wie eine dunkle Einbahnstraße.

> Die wahren Schätze sind auf der anderen Seite der Angst
> zu finden.

Die Angst und deine Gedanken

Jeder von uns hat mal Momente, in denen negative Stimmen in unserem Kopf zu laut werden, das Wesentliche übertönt wird und wir dadurch wie fremdbestimmt handeln. Wir könnten machen, was unser Herz uns sagt oder besser zuschreit, doch die Stimme im Kopf raubt uns das Vertrauen in uns selbst.

Als ich mich während meiner kaufmännischen Ausbildung dazu entschied, meinem Herzen zu folgen und mich an einer Schauspielschule zu bewerben, hatte ich die Wahl zwischen Angst und Liebe. Ich fuhr nach Köln, um mich vorzustellen, und als ich all die Menschen vor dem Eingang sah, entschloss ich, umzudrehen und wieder nach Hause zu fahren. Angst war ganz plötzlich in mir aufgekommen. Meine Gedanken waren sehr negativ gewesen, und ich hatte das Gefühl gehabt, nicht gut genug dafür zu sein. Umzudrehen war eine Entscheidung aus Angst und nicht aus Liebe und Vertrauen heraus gewesen. Die negative Stimme in meinem Kopf hatte gesiegt – und nicht mein Herz.

Jeder hat mal einen Mindfuck

Was passiert, wenn du etwas unbedingt möchtest, etwas in dir aber sagt, dass du es weder kannst noch verdient hast noch gut genug dafür bist? Dann wirst du schlicht und ergreifend verarscht. Und zwar von dieser negativen Stimme in deinem Kopf.

Viele intelligente Menschen fallen dieser Stimme zum Opfer, manche haben sogar den Eindruck, dass sie gar keine Macht über diese Stimme haben. In dem Moment, in dem sie sich dazu entscheiden, diesen inneren Rednern so viel Macht zu übertragen, haben sie auch schon verloren!

Einerseits ärgern wir uns über diese Stimme, andererseits agieren wir manchmal wie Marionetten und befolgen ihre Anweisungen, nur weil wir glauben, dass diese Stimme recht hat und wir einfach an das Geplapper im Kopf gewöhnt sind.

In dem Moment, in dem wir aber realisieren, dass diese Stimme lenkbar ist und nicht unser wahres Ich, kann sich alles für uns ändern. Wir nehmen wahr, dass wir sie steuern und auch teilweise abschalten können.

Wenn wir schon so weit sind und zwischen der inneren Stimme und unserem wahren Ich unterscheiden können, wäre es dann nicht viel klüger, auf unser Gefühl zu hören? Die störenden Gedanken einfach nur zu beobachten und vorbeiziehen zu lassen? Die meisten von uns tun das nicht, sie wissen es einfach nicht besser.

Manchmal erschaffen wir selbst Ängste, die absolut keinen Sinn ergeben. Scheinbar aus Langeweile. Indem wir aber jeden Tag diese ungesunden Gedanken nähren, kann ein Teufelskreis entstehen.

Stell dir vor, du glaubst, dass dein Partner dich betrügt, und dieses Gefühl kommt nur von deinem mangelnden Selbstwert. Dein Kopf springt sofort darauf an, und deine Gedanken kreieren die wildesten Geschichten – die vielleicht nichts mit der Realität zu tun haben.

Was wäre nun, wenn du diesen Kreis durchbrechen könntest? Willst du das überhaupt? Oder findest du es angenehm, so eingeschränkt zu sein und dich nicht weiterentwickeln zu »können«? Willst du es dir lieber in deiner Komfortzone gemütlich machen?

Wir wissen ganz genau, dass viel Neues auf uns wartet, wenn wir diesen Kreis durchbrechen. All die Dinge, die wir vorher gemieden haben, würden uns nun offenstehen. Das bedeutet natürlich auch, dass sich dadurch unser ganzes Leben verändern könnte. Nein, es wird sich definitiv verändern. Es wird nämlich wider Erwarten plötzlich leicht und unbeschwert, denn viele Hindernisse und Probleme lösen sich.

Störende Gedanken erkennen

Angenommen, du willst dich unbedingt auf einen absoluten Traumjob bewerben, doch plötzlich sagt dir eine kritische Stimme: »Vergiss es, dafür bist du eh nicht gut genug.«

Oder du hast einen tollen Mann getroffen und willst ihn gern besser kennenlernen. Du willst ihn noch einmal treffen, aber eine Stimme sagt dir, dass es keinen Sinn macht, er spiele doch in einer ganz anderen Klasse.

Du würdest so gern fremde Länder bereisen, aber statt Wege zu suchen, findest du nur Ausreden – Geld, Flugangst, Unsicherheit, Einsamkeit ...

Diese störenden Gedanken halten uns klein. Sie kommen in Form von Selbstzweifeln und Angst daher und halten uns gefangen. Vielleicht kann man es als eine Art mentales Gefängnis beschreiben.

Sich zu befreien, ist nicht ganz einfach, aber es ist auch kein Hexenwerk!

Wie können wir uns wehren?

Beobachten wir unsere Gedanken ganz bewusst. Sobald uns das gelingt, haben wir schon sehr viel Macht gewonnen. Ab diesem Punkt liegt es an uns, wie viel Bedeutung wir diesem Lärm in unserem Kopf beimessen. Regen wir uns darüber auf, dann bestärken wir die Gedanken nur noch mehr. Es ähnelt ein wenig der Meditation: Solange man die ganze Zeit darauf fixiert ist, nichts zu denken, und man sich über jeden einzelnen Gedanken, der aufpoppt, aufregt, passiert genau das Gegenteil davon – nämlich ganz viel Lärm im Kopf.

> Beobachten wir unsere Gedanken und lachen wir darüber.
> Denn wir sind stärker. Wir sind der Chef dessen, was wir
> gedanklich zulassen.

Ich kann mich noch heute an eine Situation auf der Autobahn erinnern. Es ist etwa drei Jahre her, als ich von Düsseldorf ins Ruhrgebiet fuhr und plötzlich Angst in mir hochkam. Ich hatte mit einem Mal Panik davor, auf der Autobahn zu fahren. Vor zehn Jahren war ich mal in einen Unfall verwickelt gewesen. Ich dachte, ich hätte ihn verarbeitet. Als diese ängstlichen Gedanken nun in mir hochkamen, erschreckte ich mich im ersten Moment, doch dann wurde mir bewusst, dass mein Kopf wieder Spielchen mit mir spielen wollte. Ich entschied daraufhin, dass die Stimme an mir vorbeiziehen durfte, und fuhr entspannt ohne diese Gedanken weiter.

Manchmal können wir auch einfach das Gegenteil von dem tun, was uns diese Stimmen sagen. Wenn wir den dringenden Wunsch oder das eindeutige Gefühl haben, etwas Bestimmtes tun zu wollen, ängstliche Stimmen uns aber davon abraten, dann sollten wir es trotzdem tun. Überwinden wir uns, obwohl uns »die Vernunft« etwas anderes sagt.

Am besten machen wir dieses »Spiel« immer mal wieder, denn durch diese neu gesammelten Erfahrungen werden wir den Kreis früher oder später durchbrechen. Wenn wir es nicht tun, könnte unser Leben recht langweilig werden, da wir sehr eingeschränkt und fremdgesteuert leben müssten. Fremdgesteuert durch Gedanken, die uns Stimmen einreden und vorgaukeln, die nicht der Realität entsprechen.

Und für Menschen, die sich schnell langweilen, ist es sowieso unerlässlich, sich von störenden Gedanken zu verabschieden. Sobald wir uns davon nicht mehr beeinflussen lassen, verlieren diese Gedanken Macht. Im Gegenzug gewinnen wir immer mehr Bewusstsein über die Dinge, die wir wirklich in unserem Leben haben möchten. Wir können endlich wieder auf unsere Intuition hören, die etwas leiser und sanfter daherkommt als dieser störende Lärm im Kopf.

Erkenne ungesunde Verhaltensmuster und durchbreche sie

Jeder von uns kennt es: Du fängst plötzlich an, Sport zu treiben, mehr rauszugehen oder besser zu essen. Du fühlst dich fantastisch und bist felsenfest davon überzeugt, dass dies deine neue Routine sein wird.

Ein oder zwei Wochen später wirfst du diese Routine vielleicht aber schon wieder über Bord, da die Bequemlichkeit laut an die Tür geklopft hat und du dir dachtest: »Ach, eine kleine Pause kann keinem schaden.« Und damit hat der innere Schweinehund gesiegt, denn er möchte definitiv keine Veränderung. Pfui, Veränderung könnte ja bedeuten, dass du plötzlich fit wirst, gesund lebst und dein Leben in die Hand nimmst. Wer will schon so was? ☺

Auch ich kenne das nur allzu gut. Sehr, sehr gut sogar. Ich kann nicht mehr als eine Tasse Kaffee am Tag trinken, da ich sonst sehr unruhig werde und mich einfach nur schlecht fühle. Ich weiß das inzwischen seit Jahren und verfalle trotzdem ab und zu in alte Muster, wenn ich glaube, mehr leisten zu können, wenn ich mehr Aufputschmittel konsumiere. Leider geht dies immer in die Hose.

Genau so sieht es aus, wenn ich mich nicht bewege oder lange kein Yoga mache. Für mich ist tägliche Bewegung sehr wichtig, da ich so mein ganzes System aufwecke und mich viel besser in meiner Haut fühle. Ich bin fit und frisch im Kopf, und mein Tag verläuft viel besser als ohne Bewegung. Ich versuche, täglich Yoga zu machen, und wenn das nicht klappt, dann drehe ich wenigstens die Musik für ein paar Minuten auf und tanze durch den ganzen Raum. Es tut einfach gut, alles in Bewegung zu bringen. Vernachlässige ich diese Routine für mehr als eine Woche, geht es bei mir ganz schnell bergab. Ich werde faul, müde und habe grundsätzlich weniger Energie und bin weniger fokussiert. Und auch hier muss ich mich immer wieder daran erinnern, meine »gesunde« Routine bloß nicht zu vernachlässigen.

Meine schädlichsten Verhaltensmuster sind aber zwei ganz andere: Manchmal siegt meine Bequemlichkeit und ich schaue mir einen Film direkt vor dem Schlafengehen an. Da ich seit vielen Jahren nicht mehr daran gewöhnt bin fernzusehen, spüre ich den Einfluss ganz extrem. Hierbei kannst du mich für vollkommen verrückt erklären, aber ich habe eine Art von Kater am nächsten Morgen, da mein Schlaf durch den Fernsehkonsum einfach nicht so gut war wie sonst. Ich bin dann nicht klar im Kopf und fühle mich schlecht. Sicherlich ist das ein Prozess, der sich über einige Jahre entwickelt hat, da ich früher jeden Tag vor dem Fernseher saß und mir des Einflusses nicht bewusst war. Nachdem ich mich aber vom Fernsehkonsum verabschiedet hatte, habe ich auch gemerkt, dass mir das Fernsehen nicht gutgetan hat.

Sitze ich mal im Flugzeug und fange an, eine neue Serie zu schauen, die mich in den Bann zieht, habe ich ein Problem. Denn es bedeutet, dass ich den nächsten Tagen die ganze Staffel konsumiere. Und drei Mal kannst du raten, wie es mir dann geht.

Das andere sehr ungesunde Verhaltensmuster ist gelegentliche Isolation. Wenn ich in einem kreativen Prozess bin, ziehe ich mich automatisch zurück. Ich komme in eine Art Flow und lasse meine Arbeit einfach fließen. Das ist in dieser Phase auch vollkommen in Ordnung, da ich keine Einflüsse von außen haben möchte. Ich möchte in dieser Blase bleiben, bis das fertig ist, was ich begonnen habe. Jedoch passiert mir das manchmal auch, wenn ich mich etwas unsicher oder nicht zu 100 Prozent gut fühle. Ich neige dann dazu, zu einem einsamen Wolf zu mutieren. Was im ersten Moment gar nicht so schlecht ist, da ich meine

Batterien so wieder aufladen kann. Aber auch hier muss ich erkennen, ab wann es für mich ungesund sein könnte und es wieder Zeit für Verbindungen wird. Denn ohne Verbindungen sind wir nichts; wir brauchen den Kontakt zu anderen.

All das sind Beispiele für meine ungesunden Verhaltensmuster. Früher hatte ich mehr davon, und sie waren auch wesentlich ausgeprägter. Ich habe in den letzten Jahren gelernt, diese ungesunden Muster zu unterbrechen. Früher hätte ich einfach so weitergemacht und mir selbst geschadet. Heute merke ich schnell, wenn ich in alte Verhaltensmuster verfalle, und unterbreche diese ganz bewusst. Bevor du dies aber machen kannst, musst du deine Verhaltensmuster erst einmal genau kennen.

Welche Muster schaden dir?
Jeder hat seine ganz eigene Art zu leben, und jeder hat seine ganz eigenen unguten Verhaltensmuster. Mach dir mal in Ruhe darüber Gedanken, wer oder was dir schadet: ungesundes Essen, zu viel Alkohol, die »falschen« Freunde, Faulheit, übertrieben viel Arbeit, zu wenig Schlaf, keine Bewegung, zu viel Fernsehen, immer zu allem Ja sagen ...? Trainiere deinen Verstand, diese frühzeitig zu erkennen, und durchbreche sie ganz bewusst. Weil du es kannst und stark genug bist.

> Du hast es in der Hand und bestimmst, wer und was Einfluss über dich bekommt. Entscheide dich also lieber für Muster, die dir guttun und dich auf deinem Weg unterstützen. Das ist einer der wichtigsten Schritte in ein selbstbestimmtes Leben, da unsere Verhaltensmuster über unser tägliches Leben entscheiden. Und unser tägliches Leben formt unser Schicksal.

Erlaubst du dir, glücklich zu sein? Es gibt viele Dinge, die auf Anhieb nicht offensichtlich sind. Manche Blockaden springen einen regelrecht an, sodass wir sie gar nicht ignorieren können, und andere sind tief versteckt.

Wie oft machen wir einen Schritt in die richtige Richtung. Wir verbringen Zeit mit den »richtigen« Menschen, wir machen Yoga, Sport und andere Dinge, die uns erfüllen. Doch nach einer Weile scheint uns die Zeit dafür zu fehlen. Auch in Beziehungen läuft es oft nicht rund. Wir verlieben uns, genießen den Moment und das Gefühl, doch nach einer gewissen Zeit suchen wir nach Entschuldigungen, weshalb es dennoch nicht funktionieren wird. Es scheint wie verhext: Wenn wir auf einem Gebiet erfolgreich und glücklich sind, scheinen wir uns auf einem anderen gleichzeitig zu sabotieren.

Bei mir ist gerade das letzte Beispiel mehr als passend. Wenn ich in einer Beziehung bin, läuft es mit meiner Kreativität nicht sonderlich gut. Wenn ich aber mehr arbeite, dann esse ich unregelmäßiger, mache kaum noch Sport und vernachlässige meine Freunde. Das heißt, wenn ich mir auf der einen Seite Glück erlaube, arbeite ich auf der anderen Seite gleichzeitig dagegen. Und ich denke nicht, dass ich die Einzige bin, der es so geht ...

Aber warum erlauben wir uns nicht, einfach glücklich zu sein? Glauben wir, dass wir uns das Glück erst verdienen müssen? Manche von uns geben vor, dass es egoistisch sei, glücklich und frei zu sein, wenn es die Menschen um uns herum nicht sind. Doch genau das Gegenteil ist der Fall. Oft kommt diese innere Stimme in uns auf, wenn wir dabei sind, die richtigen Schritte zu machen. Doch dafür müssten wir wieder die Komfortzone verlassen. Und zack entscheiden wir uns für den Komfort und gegen das Glück.

Jeder kennt Situationen mit Freunden oder im Familienkreis, in denen viel gejammert wird – über Krankheiten, über den Chef oder einfach über das Leben allgemein. In diesem Moment liegt es an uns zu entscheiden: Wollen wir uns darauf einlassen und uns die Energie rauben lassen, oder widersprechen wir im Inneren, weil wir eine bessere Lebensstrategie haben? Und es ist alles andere als egoistisch, wenn wir unser Leben in die Hand nehmen und zeigen, dass es auch anders geht.

Ich kann mich noch sehr gut an eine Situation auf einer Geburtstagsfeier meines Vaters erinnern. Ich stand in der Küche und unterhielt mich mit einem Freund meiner Eltern. Nur neben ihm zu stehen gab mir schon ein erdrückendes und dunkles Gefühl. Was er danach zu mir sagte, passte leider nur allzu gut zu seiner Energie. Er kritisierte mich auf sehr unschöne Weise für mein Leben. Er sagte mir, dass das Leben eben schwer sei und ich doch bitte meines ändern und es als das ansehen solle, was es ist: schwer. Mich schockierte seine Realität zutiefst. Er tat mir auch irgendwie leid, doch ich wusste auch, dass man auf solche Gespräche nicht anspringen sollte. Ich hätte tun und sagen können, was ich wollte, seine Einstellung zum Leben hätte sich nicht geändert. Er hat sich dazu entschieden, unglücklich zu sein – und das tun etliche Menschen. Nicht jeder in einem so extremen Ausmaß, dennoch ist es häufig zu beobachten.

> Es ist wichtig, dieses Muster zu erkennen und weiterhin die Dinge in unser Leben einzuladen, die uns glücklich machen und die Schwere von unseren Schultern nehmen.

Wenn wir unseren Blick mehr auf das Positive richten, kann es anfangs allerdings sein, dass wir Entzugserscheinungen haben. Lieb gewonnene Gewohnheiten fehlen uns zunächst, auch wenn sie uns geschadet haben.

Sich von alten Mustern zu verabschieden, ist unkomfortabel, aber nötig. Ist es nicht verrückt, sich mit selbstzerstörerischen Eigenschaften und Negativität wohlzufühlen? Glück hat nichts mit Komfort und Bequemlichkeit zu tun. Es geht nicht darum, Dinge zu tun, die sich komfortabel anfühlen, sondern wirklich zu spüren, was uns guttut und was wir brauchen. Regelmäßig Sport zu treiben erfordert Einsatz, tut uns aber gut. Uns gesund zu ernähren, kostet ebenfalls Energie, schenkt uns aber einen vitalen Körper und Geist. Ebenfalls nimmt es Zeit und manchmal auch Geld in Anspruch, uns Ängsten zu stellen und ihnen aktiv entgegenzutreten. Doch das Gefühl, das wir verspüren, wenn wir eine Angst überwunden haben, ist unbezahlbar.

Manchmal müssen wir uns von bestimmten Menschen verabschieden. Einen Schlussstrich unter Vergangenes zu setzen und eine neue Zukunft zu kreieren, kann Schuldgefühle hervorrufen und vielleicht auch vorerst ein Gefühl von Einsamkeit. Denn selbst die Menschen, die uns nicht guttun, spielen eine wichtige Rolle in unserem Leben. Sich von ihnen emotional zu lösen, kann anfangs mit Leid behaftet sein, doch letztlich ist es in manchen Fällen nötig und auch befreiend!

Es ist verrückt, dass das Gefühl, das wir uns am sehnlichsten wünschen, uns auch am meisten herausfordert. Wir scheinen fast resistent dagegen zu sein.

Wenn wir uns erlauben, glücklich zu sein, sollten wir diese Gedanken und unsere Reise mit jemandem teilen, der uns versteht. Wir sollten auch wahrnehmen, wenn unsere innere Stimme sich meldet und uns davon abhalten möchte, glücklich zu sein. Wenn wir unsere Gedanken trainieren, werden wir es schaffen, uns letztlich gegen solche Impulse zu entscheiden.

Dabei ist es ganz wichtig, niemals in eine Opferrolle zu verfallen: Wir allein sind für unser Leben verantwortlich und sonst niemand. Das heißt, wenn etwas nicht so läuft, wie wir es gern hätten, können nur wir etwas daran ändern. Denn wir treffen unsere eigenen Entscheidungen, und wir haben die Macht über unser Leben.

Mach dir mal ganz in Ruhe darüber Gedanken, welche Muster dir schaden. Was tust du, welches Verhalten legst du – immer wieder – an den Tag, obwohl du weißt, dass es dir schadet? Überleg dir, wie du daran arbeiten kannst, sodass dir diese Verhaltensmuster nicht mehr im Weg stehen und dich von einem wundervollen Leben abhalten.

Du hast es verdient, glücklich zu sein!

10-Tages-Challenge

Beobachte die nächsten zehn Tage deine Muster mal etwas genauer. Reflektiere am Abend deinen Tag. Wie war er? Wie hast du dich gefühlt? In welchen alten Mustern hast du dich wiedergefunden? Überleg dir ganz bewusst, welches positive Muster du jeweils als Ersatz für ein schlechtes nutzen kannst, und nimm dir vor, das zehn Tage lang wirklich zu praktizieren.

Beispiele:
Ich esse zu viele Süßigkeiten. Ich ersetze diese durch frisches Obst.
　　Ich verbringe jeden Tag mehrere Stunden vor dem Fernseher. Ich ersetze das Muster durch Bewegung und Zeit mit meinen Freunden.

Tag 1

_____

_____

_____

_____

Tag 2

_____

_____

_____

_____

Tag 3

_____

_____

_____

_____

Tag 4

_____

_____

_____

_____

Tag 5

_____

_____

_____

_____

Tag 6

_____

_____

_____

_____

Tag 7

_____

_____

_____

_____

Tag 8

_____

_____

_____

_____

Tag 9

_____

_____

_____

_____

Tag 10

_____

_____

_____

_____

Externe Einflüsse, die zu Angst führen können

Ich habe früher geglaubt, ich sei introvertiert. Woher sollte sonst auch das Gefühl der Erschöpfung kommen, wenn ich ein paar Stunden mit anderen Menschen verbracht habe und dann so kaputt war, dass ich mich bereit fürs Bett fühlte?

Es war für mich glasklar, dass es viel Energie kostet, soziale Kontakte zu pflegen. Ich fing also an, die Zeit, die ich mit anderen verbrachte, nicht zu hoch zu dosieren. Denn ich hatte keine Lust, jeden Tag erschöpft zu sein. Nach einiger Zeit merkte ich jedoch, dass mir etwas fehlte – Menschen um mich herum. Nur: Wie konnte ich die Balance finden und aus der Erschöpfungsfalle heraustreten?

Wähle deine Freunde weise

Ich musste keine Balance finden. Ich bemerkte stattdessen eines Tages, dass viele Menschen hauptsächlich Energie rauben und keine geben. Die meisten machen es nicht bewusst; sie jammern, meckern, erzählen von ihren Problemen oder wollen die komplette Zeit die volle Aufmerksamkeit auf sich ziehen. Es geht also nur um sie. Und manchmal ist das auch okay, aber nicht immer.

Inzwischen spüre ich sehr schnell, ob ich nach einem Treffen leer sein werde oder ob ich es in demselben Zustand verlasse, in dem ich gekommen bin. Und dann ist es meine Entscheidung, ob ich weiterhin mit diesem oder diesen Menschen Zeit verbringen möchte oder nicht.

Wenn es alte Freunde von mir sind, dann ist es mir egal, wenn ein oder zwei Treffen mal so verlaufen. Und ich muss sagen, dass die Freunde, die ich schon seit einer halben Ewigkeit habe, Gold wert sind. Bei neuen Freunden bin ich dahingehend radikaler. Wenn ich merke, dass sie nur Energie ziehen, verabschiede ich mich langsam von ihnen. Und genau dasselbe gilt für Menschen, die ich irgendwo kennenlerne: Wir beginnen, uns zu unterhalten, und manchmal spüre ich schon nach kurzer Zeit, dass es unangenehm wird oder ich ermüde. Dann ist es an der Zeit, mich aus der Unterhaltung zu verabschieden und zu gehen.

Meine Zeit und Energie sind mir viel wert und ich weiß, dass ich Freunde und Bekannte habe, die bewusst mit ihrer eigenen Energie umgehen und dadurch auch mit meiner. Anstatt uns runterzuziehen, bauen wir uns lieber gegenseitig auf.

> Wenn du Menschen kennenlernst, achte darauf, wie du dich fühlst. Entscheide für dich selbst, ob die Treffen energetisch fair sind oder nicht. Denn nur du entscheidest, wer in deinem Leben sein darf und wer nicht.

Warum ich nur noch selten auf Dramen eingehe

Ich kann mich noch sehr gut an gewisse Konversationen erinnern, die mich früher wütend gemacht haben. Heute lache ich mich schlapp, wenn ich nur daran denke.

Ein Beispiel:

Britta: »Auf der Wiese waren Rehe mit zwei Rehkitzen, und die Kleinen sind nun schon seit ein paar Tagen weg.« Ich: »Aha.« Britta: »Wahrscheinlich sind sie tot.« Ich: »Aber das weißt du doch gar nicht.« Britta sagt: »Trifft es dich denn gar nicht?«, und ist enttäuscht.

Diese Taktik kenne ich schon mein ganzes Leben lang, und fast immer bin ich darauf angesprungen.

Überall wurde eine Tragödie gefunden und ein Grund zu leiden oder sich zu beschweren. Mitgefühl verbinden die meisten Menschen mit einer traurigen Erfahrung oder einem traurigen Erlebnis. Und dann wird das Leid geteilt, und Menschen fühlen sich miteinander verbunden. Aber funktioniert Verbundenheit denn nicht auch durch Schönes, Angenehmes oder Positives?

Früher habe ich mich über solche unnötigen Dramen aufgeregt. Ich habe es einfach nicht verstanden, warum man sich in
diesen Emotionen suhlt, anstatt eine Lösung zu finden. Gleichzeitig habe ich dieses Verhalten verurteilt, was auch nicht richtig
war. Seit ein paar Jahren habe ich keine Lust mehr darauf, denn
es wurde mir einfach zu viel Drama. Ich muss sagen, dass ich
es heute sogar lustig finde, wie jeder sich seine eigene Realität
kreiert und darin Bestätigung von außen sucht.

Bleibe in deiner Energie
Dir wird es sicherlich öfter passieren, dass Menschen nicht verstehen können, dass es dir so richtig gut geht. Dass dir gerade
nichts fehlt und dein Leben super läuft. Ich habe es selbst schon
in Thailand während eines Workshops erlebt, dass jemand mir
einfach nicht glauben konnte. Diese Person war der Meinung,
dass ich etwas versteckte, da es nicht sein könnte, dass ich jeden
Tag gute Laune hätte. Ich fühlte mich aber wirklich so gut,
wie ich es nach außen hin lebte. Trotzdem verletzte mich der
Kommentar ein wenig, und ich bemerkte, dass ich mich ab dem
nächsten Tag anzupassen versuchte – an die Laune und Energie
der anderen. Wenn es den anderen nicht gut geht, sollte »das«
auch für mich gelten. Sonst würde ich aus der Gruppe aus-
geschlossen oder nicht akzeptiert werden. Dadurch veränderten
sich mein Verhalten und mein Wohlergehen.

War das richtig? Nein, sicher nicht.

Das wusste ich zu dem Zeitpunkt aber nicht. Ich war nur
überrascht, dass ich nicht so akzeptiert wurde, wie ich war. Ich
war verwundert, dass alle glaubten, dass jede einzelne Person
Drama in sich tragen müsste.

Solche Situationen passieren regelmäßig – in Gruppen oder
auch unter Freunden. Doch handhabe ich es heute anders. Von
Freunden, die sich jedes Mal in Dramen suhlen, habe ich Abstand genommen, weil ich nicht mehr wusste, wie ich darauf
reagieren sollte; noch dazu sah ich keine Veränderung in deren

Leben. Sie wollten bei dem Drama bleiben, weil sie es einfach so kannten. In solchen Fällen kann man nichts machen, außer sich zu distanzieren und sich so selbst zu schützen.

Passiert dies in Gruppen oder ab und zu in einem kleineren Ausmaß bei Freunden, höre ich es mir an, reagiere aber nicht mehr darauf. Es sei denn, es handelt sich um Dinge, die ein echtes Gespräch benötigen. Mir geht es hier aber um belangloses, selbst kreiertes Drama.

Ich schütze dabei meine eigene Energie, da ich nicht mit runtergezogen werden möchte. Denn ganz oft übernehmen wir die Ängste der anderen.

Bestenfalls hat man Menschen um sich herum, die über all das Drama schon hinweg sind und das Leben zu genießen wissen. Denn diese Menschen haben erkannt, dass der Fokus eher auf den schönen Dingen liegen sollte, anstatt auf all dem Leid.

> Bitte lass dir niemals einreden, dass es dir schlecht geht oder es dir durch gewisse Erlebnisse schlecht gehen sollte. Wenn es dir gutgeht, dann ist das so, und daran sollte keiner schrauben dürfen.

Lasse gesellschaftliche Normen hinter dir

Du liest gerade mein Buch, obwohl ich dyslektisch bin. Ich habe nur wenige Bücher in meinem Leben gelesen, da ich dabei sehr langsam bin und schnell die Motivation verliere. In der Schule vorzulesen war ein einziger Horror, da ich immer ausgelacht wurde. Es war einfach nicht meine Stärke.

Jedoch hatte ich immer viel Fantasie, mochte Geschichten und hatte irgendwann meine eigenen zu erzählen. Meine Vergangenheit hätte mich davon abhalten können zu schreiben, jedoch war mein Antrieb und meine Leidenschaft so groß, dass all dies keine Rolle spielte. Mir war es wichtiger, was ich fühlte und wirklich wollte, anstatt danach zu leben, was mir vorgegeben wurde und mich in meiner Kindheit und Jugend geformt hat.

Ich habe keine klassische abgeschlossene Ausbildung oder ein beendetes Studium. Beides hat mir keinen Spaß gemacht und mich eingeengt. Mir hat die Freiheit und Kreativität gefehlt, als ich in den hässlichen Klassenräumen saß. Es fühlte sich immer falsch und unnatürlich an. Genauso sah es im Büro aus. Warum sollte ich einen Großteil meines Lebens auf einem Stuhl vor dem Computer sitzen? Dafür können wir einfach nicht hier auf der Welt sein.

Du musst nicht mehr nach den Vorstellungen deiner Eltern leben. Genauso wenig musst du der gesellschaftlichen Norm folgen. Diese Zeiten sind vorbei, wenn du erwachsen bist.

Es gibt immer mehr Bewegungen in Richtung Freiheit. Ich kenne so viele digitale Nomaden und treffe sie an den schönsten Orten der Welt: Da sind Yogalehrer, Künstler, Programmierer, Onlinelehrer, Köche, Händler, Autoren, Blogger, Designer und zig andere inspirierte und inspirierende Menschen.

Das Modell, dass man mit Ende zwanzig verheiratet sein und bald Kinder in die Welt setzen sollte, ist längst veraltet. Gegen klassische Modelle ist natürlich nichts einzuwenden, es liegt in unserer Natur, und es ist ein wunderschönes Gefühl, eine eigene Familie zu haben, jedoch ist jeder von uns anders und sollte sich nicht für diesen Weg entscheiden, nur weil er der »normale« ist.

> Nur die Entscheidungen, die vom Herzen kommen, sind die richtigen Entscheidungen.

Zeiten ändern sich, momentan sogar sehr schnell, und wir müssen hinterherkommen. Viele jammern, dass es früher besser war, anstatt die Möglichkeiten im Heute wahrzunehmen. Zu keiner Zeit hatten wir so viele Freiheiten, die sicherlich viele überfordern. Denn es ist die Zeit, in der wir wählen können, was mir machen wollen und wer wir sein wollen. Ist das nicht fantastisch?

Ich finde es unglaublich bestärkend zu wissen, dass ich jederzeit meine berufliche Ausrichtung ändern kann, wenn ich meine Angst hinter mir lasse und in mich und meine Entwicklung investiere.

- Was würdest du machen, wenn du all die gesellschaftlichen Begrenzungen hinter dir lassen könntest? Wenn Angst keine Rolle spielen würde und alles möglich wäre?
- Wie würdest du leben?
- Mit wem und an welchem Ort?
- Wie würdest du Geld verdienen?
- Wie würdest du deinen Tag beginnen?

Mach dir mal ganz in Ruhe Gedanken darüber, wie dein Leben aussehen würde, wenn alles möglich wäre.

Wessen Vorstellung vom Leben lebst du?
Seit ich denken kann, wollte ich auswandern. Grund dafür war mein Vater. Es hat aber eine ganze Weile gedauert, bis ich das verstanden habe.

Meine Eltern sind 1987 aus Polen geflüchtet und haben sich in Deutschland niedergelassen. Der Plan meines Vaters war, nur ein paar Jahre in Deutschland zu bleiben und dann weiter nach Kanada zu ziehen. Nachdem meine Eltern sich aber in Deutschland selbstständig gemacht hatten, hatten sie nun dort auch mehr Verpflichtungen und waren stärker gebunden. Der Kanada-Plan rückte so immer mehr in den Hintergrund, und meine Eltern sind noch heute in Deutschland.

Ich hörte immer, dass Deutschland nicht die erste Wahl war und dass meine Eltern irgendwann noch auswandern würden.

Folglich kreierte ich in meinem Kopf eine falsche Vorstellung von Deutschland und hatte von klein auf den Wunsch, auszuwandern. Dies war aber nicht mein eigener Wunsch, sondern der meines Vaters.

Das realisierte ich erst vor ein paar Jahren, als ich immer wieder mein Leben in Deutschland sabotierte, indem ich mir einredete, dass es überall besser sei als hier. Nachdem ich das erkannt hatte, zog ich nach Berlin und hatte eine wundervolle Zeit dort. Ich habe vor Jahren mit meinem »geerbten« Hadern Frieden geschlossen und finde Deutschland inzwischen sehr schön und lebenswert.

Mit dieser Erkenntnis kann ich nun für mich selbst herausfinden, welches Land und welcher Ort für mich richtig ist. Ohne dabei unbewusst die Angst in mir zu tragen, meinen Vater enttäuschen zu müssen. Bisher gibt mir Australien immer das Gefühl, mein physisches Zuhause zu sein. Hier kommen alle meine Wünsche und Vorlieben zusammen: Wärme, freundliche Menschen, Weite, Natur, Fülle, ein entspannter Lebensstil und eine multikulturelle Gesellschaft.

Auch mein Privatleben litt darunter, dass die Vorstellungen anderer mich beeinflussten. Es wird als normal angesehen, mit zwanzig oder dreißig einen festen Wohnsitz zu haben und auch langsam zu heiraten und Kinder zu kriegen. Dies hat sich auch meine Mutter für mich gewünscht, da es ihre Vorstellung von einem guten Leben ist. Oder von einem Leben, das die Gesellschaft als gut oder normal erachtet.

Mir schnürte diese Vorstellung immer die Luft ab, da es einfach zu diesem Zeitpunkt nicht mein Leben war.

Ich wollte frei sein, die Welt entdecken, selbstständig arbeiten und keinen »normalen« Job haben. Ich mochte immer das Risiko und das In-Bewegung-Sein. Beides versetzte mich in eine Art Flow, einen Fluss und ein Hochgefühl. Meistens jedenfalls. Es gab natürlich auch Momente, in denen Existenzangst aufkam und ich das Gefühl der Sorge für eine Weile durchleben musste.

Und doch war es das Leben, das ich leben wollte. Und diese Phase war auch unglaublich wichtig für mich, denn ohne sie wüsste ich heute nicht, was ich wirklich will. Es war eine wundervolle Reise, die ich nicht missen möchte: innen wie außen.

Es fing alles eher rebellisch an, und ich versuchte, gegen all das anzukämpfen, was mir nicht gefiel. Es war teilweise sehr anstrengend, doch führte es mich zu dem, was ich wirklich wollte – und wer ich heute bin und was mir wichtig ist.

Ich liebe es, wie alles bisher verlief, auch wenn zum Teil sehr harte und lehrreiche Zeiten dabei waren.

Was ich besonders schätze, ist, dass ich die Entscheidungen getroffen habe und mich für mein eigenes Leben entschieden habe – und gegen die Angst. Dies kann mir keiner mehr nehmen.

Beruflich sollte ich in die Fußstapfen meiner Eltern treten. Sie sind selbstständig und führen ein mittelständisches Unternehmen im Bereich Maschinenbau. Daraus wurde nichts. Ich habe es versucht, doch habe ich mich dabei nicht lebendig gefühlt. Ich habe einfach nicht mein eigenes Leben geführt.

Ich wollte meine Eltern und den Rest der Familie nicht enttäuschen und versuchte, es mir so schön wie möglich in meinem Kopf auszumalen. Doch sah die Realität nicht besonders schön aus. Auf Familienfeiern durfte ich mir immer wieder anhören, dass ich in die Fußstapfen meiner Eltern treten solle. Und den passenden Partner möge ich mir dazu auch endlich aussuchen.

Ich kann heute verstehen, dass jeder seine Denkweise hat und gerade ältere Menschen nicht wissen, welche Freiheiten wir heutzutage haben können und auch leben wollen. Aber es war nicht mein Weg, und ich bin sehr froh, dass ich den Mut aufgebracht habe, dies nach Jahren auch zu kommunizieren.

Du bist nicht für deine Eltern verantwortlich

Bei vielen Entscheidungen, die ich traf, hatte ich meine Eltern im Hinterkopf, jedoch bremsten diese Überlegungen mich immer wieder aus, mein eigenes Leben zu leben. Meine Eltern konnten dafür nichts, es war eine Entscheidung, die ich unbewusst in meiner Kindheit getroffen hatte.

Nur kann das eigene Leben nicht richtig beginnen und auch nicht stimmig sein, wenn man das Gefühl hat, für seine Eltern verantwortlich zu sein und deren Glück, deren Vorstellungen, deren Träume zu leben. Die Menschen aus unserer Elterngeneration haben ihre Entscheidung getroffen, wie sie leben wollen, und genauso müssen wir es als die nächste Generation auch tun.

Wenn die Eltern nicht glücklich sind, glauben die eigenen Kinder oft, daran schuld zu sein. Auch ich dachte immer, dass ich der Grund für die Auseinandersetzungen meiner Eltern sei. Wenn ich nicht da gewesen wäre, hätten meine Eltern ein viel besseres Leben gehabt. Natürlich hatten meine Eltern keine Ahnung davon, was in mir vorging.

Ich konnte all das zum Glück loslassen und dadurch meine eigenen Entscheidungen treffen. Es dauerte aber lange und kostete mich viel Kraft.

> Wenn du wichtige Entscheidungen in deinem Leben triffst, überlege immer davor, ob es wirklich deine freie Entscheidung ist oder ob du nach den Mustern anderer handelst.

Erkenne deine Lebensmuster

Ich bin in Polen geboren und habe dort meine ersten zwei Lebensjahre verbracht. In einem kleinen, friedlichen Dorf nahe der deutschen Grenze.

Meine Großeltern und Urgroßeltern haben den Krieg miterlebt. Meine Uroma hat ihren Ehemann durch die russische Gefangenschaft »verloren«, er konnte nicht zurück nach Polen und blieb später in Dresden. Meine Uroma wollte aber in Polen bleiben und lebte dort mit ihren vier Kindern. Alle fünf wurden aus ihrem Haus geschmissen, da sie aus Deutschland kamen und dieses Haus jemandem aus Polen zustand. Eine fremde Frau nahm meine Urgroßmutter daraufhin mit allen Kindern auf.

Durch das Rote Kreuz konnte mein Uropa meine Uroma und seine Kinder ausfindig machen, er wollte jedoch nicht nach Polen zurück. Meine Uroma konnte zu dem Zeitpunkt nicht nach Deutschland, da ein Kind zum Militär musste und sie die Familie zusammenhalten wollte.

Mein Uropa hatte nach einer Weile eine neue Frau und Kinder in Deutschland und blieb dort. Liebe war ab diesem Moment mit Schmerz verbunden. Meine Urgroßmutter starb, ohne ihren Ehemann je wiedergesehen zu haben. Mein Opa verlor während des Krieges also seine Mutter, und seine Geschwister und er wurden in unterschiedliche Familien gegeben. Das Grab seiner Mutter besuchte er 2016 zum ersten Mal.

Ich stamme aus einer Familie, in der der Zweite Weltkrieg sehr viel Leid und Härte hinterlassen hat.

Die Kultur und ihre Einflüsse

Die polnische Kultur kann sehr familiär, gastfreundlich und warm sein. Auch können wir gut feiern. Sehr gut sogar. Jedoch hat die Kultur durch die Geschichte auch so einiges an Schwere. Nichts ist einfach, alles muss erarbeitet werden. Laut OECD (Organisation für Wirtschaftliche Zusammenarbeit und Entwicklung) ist Polen auf dem zweiten Platz auf der Suche nach der am härtesten arbeitenden Nation. »No work, no cake«, heißt es. Polen haben oft Courage, was auch ein Resultat der Vergangenheit ist. Eine Zeit lang musste Polen gegen die Sowjetunion und das damalige Nazi-Deutschland ankämpfen.

Dem Krieg folgte der Kommunismus, der Armut und anderen Mangel mit sich brachte. Es gab Lebensmittelkarten, auf denen stand, wer was kaufen konnte. Das bedeutete jedoch nicht, dass man Schokolade kriegen konnte, wenn sie auf der

Karte stand. Es kam auch vor, dass es im Geschäft nur Essig gab und sonst nichts. Dadurch mussten die Polen lernen, einfallsreich und sparsam zu sein. Ich möchte hier nicht pauschalisieren, da es auch immer Ausnahmen gibt. Meine Gedanken beruhen auf meiner Beobachtung und meinen Erfahrungen.

Ich kann mich noch erinnern, dass ich als Kind mit meinen Eltern *Schindlers Liste* schauen musste. Ich verstehe bis heute nicht, warum niemand mit mir darüber gesprochen hat. Ich habe viel zu jung gesehen, was für schlimme Dinge im Zweiten Weltkrieg passiert sind, ohne dass man diese Bilder und Geschehnisse zusammen mit mir reflektiert und eingeordnet hätte. War das sinnvoll? Nein. Fand ich Deutschland dadurch angenehm, lebenswert und fair, habe mich dort angenommen gefühlt? Nein. Natürlich hat es Polen und viel zu viele andere Menschen damals hart erwischt, jedoch sollte man für seinen eigenen Frieden mit der kulturellen Vergangenheit abschließen können. Denn was kann man schon damit bewirken, dass man sich selbst und dem heutigen Deutschland die Schuld gibt?

Muster aus der Kindheit
Ich wuchs mit dem Glauben auf, immer etwas machen zu müssen. Mein Vater war »immer« arbeiten und meine Mutter hatte auch »nie« Zeit, sich auszuruhen. Sie selbst sind so aufgewachsen und leben bis heute nach diesem Muster.

Ich fand mich auch manchmal in einem Muster wieder, in dem ich glaubte, ich müsste den ganzen Tag arbeiten. Ich saß acht Stunden am Laptop und war in keinster Weise produktiv. Aber hey, immerhin hatte ich das Gefühl, etwas gemacht zu haben. Hat es mir etwas gebracht? Nein. Ich bin wesentlich produktiver, wenn die Kreativität fließt und nicht erzwungen ist.

So lange du diese störenden Muster nicht erkannt hast, wirst du nicht frei von äußeren Umständen leben können. Du wirst vorher nicht spüren können, wer du in Wirklichkeit bist, da deine Sicht benebelt ist.

Durch diese Muster verfallen wir immer wieder in dieselben Dramen und sehen uns den immer gleichen Herausforderungen gegenüber. Oder vielleicht stehen wir auch vor einer Depression oder dem Burn-out? Wir können einfach nicht frei leben, wenn wir glauben, dass uns diese Muster dienen. Es ist wichtig, sich mit familiären Mustern und seinen Ahnen auseinanderzusetzen.

Als ich meine Muster plötzlich erkannt hatte, traf es mich wie ein Schlag. Ich konnte genau sehen, wer was und warum macht – und dass ich diese Muster wiederhole und am Leben erhalte. Muster, die mir und anderen nur Schaden zufügen. Diese Muster hielten mich vom Glücklichsein ab und machten mein Leben nur schwer. Ich habe realisiert, dass ich mir nicht erlaubt habe, glücklich zu sein.

> Wo liegt dein Ursprung/deine Wurzeln?
> Welche Muster trägst du in dir?
> Welcher Schmerz wurde dir mitgegeben?

Du hast es verdient, glücklich zu sein

Wenn du anfängst, dich von deinen familiären Mustern zu lösen, kann es sein, dass dir Vorwürfe gemacht werden. Denn du hörst auf, vorgegebenen Mustern und Vorstellungen vom Leben zu folgen.

Nur wenn deiner Familie die Muster, die sie leben, bewusst sind, werden sie dich und deine Entscheidung verstehen. Ansonsten halten sie ihre eigenen Muster für richtig und werden es nicht akzeptieren, dass du nicht mehr nach ihren Vorstellungen und Werten lebst, sondern dich von der Vergangenheit löst.

Es wird vielleicht nicht einfach sein, doch du kannst durch deine Taten auch zeigen, dass es anders geht, und als Beispiel vorangehen.

Veränderst du nichts, wird dir diese Entscheidung deine Leichtigkeit und dein Glück rauben. Du wirst so niemals in einen Flow kommen können. Und noch viel schlimmer: Du kannst dein eigenes Leben nicht leben. Du wirst immer das Leben führen, das dir vorgelebt wurde.

> Erkenne deine eigenen gesunden Werte, und löse dich von dem Schmerz und den Erfahrungen aus der Vergangenheit. Sie dienen dir ab heute nicht mehr.

Du bist nicht deine Geschichte! Sie hat dich geprägt, und du entscheidest, was du daraus machst.

Verzeihe deiner Vergangenheit, und lass sie los. Wenn du verzeihst und loslässt, bist du frei! Sprich mit deiner Familie und erkläre, was dir schadet und welche Muster du erkannt hast. Sag ihnen liebevoll, dass du dich davon lösen möchtest, und mach für dich ein Ritual daraus. Du kannst beispielsweise einen Zettel schreiben, mit all den Dingen, die du loslassen möchtest. Alles, was dir mitgegeben wurde, dir aber nicht mehr dient. Verbrenne diesen Zettel, und werfe ihn in einem Kamin, in einen Fluss, ins Meer.

Muster in Liebesbeziehungen

Wenn es um die Liebe ging – oder eher um romantische Liebesbeziehungen – bin ich immer wieder in dasselbe Muster verfallen. Ein Muster, das mir mein Leben und meine Beziehungen unheimlich erschwerte. Es gab immer so viel Drama, und irgendwie suchte ich mir auch immer Männer aus, mit denen Ärger vorprogrammiert war. Ich wählte meine Partner einfach nicht besonders bewusst, sondern nach den Mustern meiner Vorfahren. Nicht sehr klug, oder?

Es dauerte auch eine ganze Weile, bis ich meine eigenen Muster erkannte und mich wunderte, was ich da jedes Mal tat.

Wenn ich auf meine Beziehungen zurückblicke, sehe ich auch Verhaltensmuster beim anderen, auf die ich immer wieder »hereinfiel«, so beispielsweise »nicht über die Ex hinweg sein«, nicht besonders ehrlich, untreu oder finanziell von anderen abhängig sein.

Betrachte ich meine Familiengeschichte, macht auch alles Sinn. Nicht dass alle untreu gewesen wären, aber überall gab es ein bisschen Drama. Um ehrlich zu sein, eine ganze Menge Drama. Ich wuchs mit dem Glauben auf, dass Drama, Leid und Unsicherheit in Liebesbeziehungen normal seien.

Während meines Rebirthing-Workshops in Thailand konnte ich ganz klar spüren, dass ich mein Leben lang geglaubt hatte, Liebe nicht verdient zu haben. Nur kam dieser Glaube nicht von mir. Meine Ahnen dachten und lebten so, und ich führte dies fort, ohne zu wissen, warum ich so dachte und was ich mir damit antat.

Ich hatte in dem Moment die Möglichkeit, dieses Muster zu zerbrechen, meinen Ahnen für vieles zu danken, aber ab jetzt anders und ganz neu weiterzuleben. Wenn ich das nicht erkannt und umgesetzt hätte, hätte ich es einfach an die nächste Generation weitergeben, und dieser Teufelskreis wäre weiter bestehen geblieben.

> Welche Muster hast du von deiner Familie »geerbt«, die dir schaden?
> Mach dir in Ruhe Gedanken darüber, welche Muster gar nicht deine sind, sondern einfach nur ein Programm, das du von deiner Familie und deinen Vorfahren übernommen hast.

Ich schreite in Liebe voran

Wir sollten viel dankbarer sein, dass wir heute keinen Weltkrieg und die Folgen daraus erleben müssen. Und manchmal habe ich auch das Gefühl, dass wir uns für unsere »Mimimi«-Probleme schämen sollten. Es kann aber auch sein, dass hier meine eigene Härte aus mir heraus spricht.

Viele von uns haben keine echten Sorgen, machen sich aber welche. Wir nehmen diese dann so unglaublich ernst, dass wir uns mit diesen Sorgen, Ängsten und Nöten identifizieren. Zu wenig Geld, der falsche Job, zu viel Gewicht, nicht die beste Gesundheit.

Alles führt auf Angst zurück. Angst vor Mangel. Angst vor Ablehnung. Angst vor unkontrollierbaren Geschehnissen. Und gleichzeitig können wir viele dieser Dinge selbst ändern, wenn wir durch einen klaren Blick auf unsere Vorfahren und ihre Geschichte die Möglichkeit nutzen, Muster zu erkennen und aufzulösen.

Ich hatte mein Leben lang die Tendenz dazu, Beziehungen zu zerstören, da ich irgendein Drama erwartet hatte. Irgendetwas würde schon kommen und das Glück kippen. Es dauerte sehr lang, bis ich erkannte, woher das kam.

MANTRA

Danke, liebe Vorfahren, für all die Arbeit, die ihr geleistet habt. Ruhet in Frieden und Liebe.
Ich gehe als positives Beispiel voran und lasse all den Schmerz, die Härte, die Trauer und Wut hinter mir.

Wiederhole die Mantra laut oder in Gedanken immer wieder für dich, bis du es wirklich spürst und verinnerlicht hast. Du kannst die Mantra auch auf einen Zettel schreiben und diesen immer bei dir tragen oder an der Wand befestigen, sodass du diese Gedanken immer wieder siehst.

Loslassen

Ich komme nicht voran. Ich will – aber irgendwie geht es einfach nicht. Es frustriert, blockiert und führt zu Stillstand. Ich halte an Altem fest, das schon längst ausgedient hat und mir nicht mehr entspricht. Ich habe mich entwickelt und habe vergessen, manches freizugeben, hinter mir zu lassen. Zu schmerzhaft war es, die Vergangenheit ziehen zu lassen und zu akzeptieren, dass ich das einfach nicht mehr bin.

Wenn das alte Leben vorbei ist

An alten Mustern und Gewohnheiten festzuhalten, kann zu Wut und Frustration führen. »Ich war ja früher so ...« oder »Ich habe mich doch früher so gut mit XY verstanden ...« Dabei gilt es, in sich hineinzuspüren, ob die alte Version wirklich noch die Version ist, die das Herz widerspiegelt – oder ob es einfach nur Gewohnheit und Angst sind, die das aktuelle Leben bestimmen.

> Veränderung kannst du nicht vermeiden. Sie geschieht auch, wenn du es nicht möchtest. Fortschritt ist jedoch eine bewusste Entscheidung.

Die Angst vor einem neuen Weg haben viele von uns. Gerade die Angst vor neuen Freunden oder einem fremden Umfeld gibt es häufig. Bei mir hat es sehr lange gedauert, mir einzugestehen, dass manche Menschen einfach nicht mehr zu mir passen, da wir uns in verschiedene Richtungen entwickelt haben und ganz andere Grundwerte leben. Der feste Stamm ist aber geblieben, denn da ist einfach genug Respekt vorhanden, einander anzunehmen, wie man ist.

Nichts ist schmerzhafter, als nicht loslassen zu können. Dieses Festhalten führt zu Stagnation, Wut, Trauer und Hilflosigkeit. Es ist vollkommen in Ordnung, manche Dinge zu verabschieden, um ein neues Leben zu beginnen, frisch und voller Leichtigkeit, anstatt in der Vergangenheit hängen zu bleiben.

Wir verändern uns, und unsere Träume gehören mit dazu. Wenn du das erkennst, kannst du zulassen, dass dein alter Traum ausgedient hat und es Zeit für einen neuen Lebensabschnitt ist. Vielleicht steht nun etwas an, vor dem du Angst hast. Etwas, was viel zu groß scheint. Nun klopft es aber immer wieder an und möchte angenommen werden.

Du entscheidest, ob du es annimmst oder nicht. Allerdings wirst du sehr unzufrieden werden, wenn das Leben Veränderung fordert, du die Veränderung aber blockierst.

Vom Loslassen in die bedingungslose Akzeptanz der Gegenwart

Wir alle wollen glücklich sein und im Flow leben. In einem Zustand, in dem alles voller Leichtigkeit passiert und die Liebe durch einen hindurchströmt. Dieser Zustand zeigt sich jedoch oft erst, wenn wir alten Ballast hinter uns gelassen und die gegenwärtige Situation so akzeptiert haben, wie sie gerade ist. Erst dann schaffen wir Platz für Veränderung.

Wir verändern uns stetig und wachsen – wenn wir es zulassen. Wachstum kommt aber manchmal schmerzhaft daher. Denn vieles, an dem wir festhalten, hat nach einer gewissen Zeit ausgedient. Wir haben die Lektion gelernt und dürfen weiterziehen, um Neues zu erfahren und zu erleben.

Bei Beziehungen und Freundschaften, die wir loslassen mussten, hat es einfach nicht mehr funktioniert. Aber auch

Erfahrungen und persönliche Muster müssen wir frei-
geben. Wir müssen sie hinter uns lassen, um weniger zu leiden.
Um wieder lebendig sein zu dürfen und offen zu werden für
Neues.

Wusstest du, dass wir fast alle an Mustern festhalten, die
uns schlichtweg schaden? Muster, die uns sabotieren und uns
das Leben schwer machen. Diese zu verabschieden oder auch
nur zu erkennen, ist wichtig.

Loszulassen ist nicht einfach. Es ist sicherlich eine der
schwierigsten Aufgaben im Leben, doch kann festhalten auf
Dauer noch viel schmerzhafter sein und das eigene Sein in die
falsche Richtung lenken.

Der Körper leidet, wenn wir nicht loslassen

Ich bin sehr sensibel, und mein Körper sendet mir schnell Signale,
wenn etwas nicht so läuft, wie es laufen sollte. Wenn ich Ereignisse, Pläne oder auch Menschen loslassen musste, zeigte es sich
immer in Form von Krankheiten – als Warnsignal. Manchmal war
es leicht loszulassen, und andere Male dauerte es etwas länger, bis
ich verstand, worum es ging.

Ich vergleiche es immer mit einem Pflaster, das man ab-
reißen muss, um Heilung zuzulassen. Entweder macht man es
ganz langsam, da man Angst vor dem Schmerz hat, oder ganz
schnell, was auch wehtut, aber von kürzerer Dauer ist. Oder man
lässt das Pflaster dran und die Wunde bedeckt, es kommt kaum
Luft dran, womit die Heilung nicht komplett abgeschlossen
werden kann.

Lassen wir nicht los, belügen wir uns selbst. Denn wir leben
somit in der Vergangenheit und kreieren eine Illusion, die uns
schadet und nicht weiterbringt.

Wenn wir loslassen, eröffnen sich uns neue Möglichkeiten.
Wir sind offen für neue Erfahrungen, neue Partner, neue

Freundschaften, neue berufliche Ideen, haben die Chance, uns selbst besser kennenzulernen.

> Und sobald wir durch den Schmerz hindurchgegangen sind und offen für Neues werden, können wir in den Flow kommen. In den wundervollen Flow des Lebens.

Wir müssen loslassen und wachsen, um frei zu sein

Du kannst zu der Person heranwachsen, die du sein möchtest. Zuerst aber solltest du all die belastenden Erfahrungen, Lebensumstände und Menschen loslassen, um wieder atmen und neue Perspektiven wahrnehmen zu können. Sonst können wir nicht sehen, was auf uns wartet.

Du wirst spüren, wenn es an der Zeit für Veränderung ist. Sie zeigt sich radikal, wenn du nicht genau hinhorchst und die kleinen Signale nicht wahrnimmst. Sie kommt wie ein Wirbelwind daher, der alles zu zerstören scheint. Einfach nur, damit du genau hinschaust und aufräumst.

> • Wovon oder von wem musst du dich lösen?
> • Tut dir dein Partner nicht gut?
> • Laugt dich dein Job aus?
> • Kannst du eine schmerzhafte Erfahrung aus der Vergangenheit nicht loslassen?
>
> Es ist an der Zeit, mutig zu sein. Denn Loslassen heißt nicht, dass du die Vergangenheit vergessen musst, sondern dass du die Energie der Vergangenheit nicht mit in die Zukunft und ins Jetzt nimmst.

Kommt Schmerz von der Liebe oder vom Nicht-loslassen-Wollen?

Erwartungen werden oft unter dem Deckmantel der Liebe verpackt. Wenn die Dinge nicht so laufen wie geplant, machen wir die Liebe für den Schmerz verantwortlich, anstatt einfach von den Erwartungen loszulassen. Nicht erfüllte Erwartungen kreieren erst den Schmerz.

Die höchste Form der Liebe ist wie eine Einbahnstraße. Du gibst Liebe, damit Menschen hell leuchten und scheinen können, ohne sie dazu zu zwingen, auf eine bestimmte Art zu erstrahlen. Du tust es einfach nur, weil du Liebe geben möchtest.

Viele Formen der modernen Liebe enthalten Bedingungen, was bedeutet, dass wir eine Vorstellung haben, wie wir uns in der Beziehung fühlen wollen, wie der Partner sich verhalten soll.

Manchmal sehen wir unsere Hoffnungen und Erwartungen für diejenigen, die uns nahestehen, nicht als bedingte Formen der Liebe an. Einfach nur, weil wir das, was wir für gut erachten, weitergeben wollen oder auch erwarten. Unbewusst schränken wir unsere Fähigkeit ein, ihnen den feinsten und mächtigsten Teil der Liebe zu geben, nämlich die Art Liebe, die dem Leben innere und äußere Freiheit gibt.

Auch wenn es wie ein Paradoxon erscheint, wenn Menschen ihre Energie darauf konzentrieren, Liebe ohne Bedingungen zu geben, wird dies für alle Beteiligten eine befriedigendere Situation schaffen.

Nehmen wir das Beispiel einer Partnerschaft: Wenn jede Person sich darauf konzentriert, Liebe zu geben und das Glück eines anderen zu unterstützen, anstatt sich auf das zu konzentrieren, was sie von ihrem Partner wollen, dann ist die Wahrscheinlichkeit groß, dass die Wünsche jeder Person erfüllt werden. Wenn sich jeder auf das Geben konzentriert, erhalten wir tatsächlich mehr.

Selbst in diesem kleinen Rahmen ist das universelle Gesetz von Ursache und Wirkung immer noch ersichtlich. Das, was wir geben, wird letztendlich in irgendeiner Form zu uns zurückkehren, jedoch nicht notwendigerweise in dem Zeitplan, in dem wir es haben wollen.

Die Mentalität von »Ich gebe dir das, wenn du das für mich tust« begrenzt sofort die Liebe und unsere kollektiven Glücksmöglichkeiten.

Durch den Schmerz hindurch

Viele haben Angst davor, ihren eigenen Schmerz zu spüren. Deshalb können auch nur wenige gut Zeit allein mit sich verbringen. Nur du und deine Gedanken.

Es ist normal geworden, sich mit dem Fernseher, Essen, Freunden, Computerspielen, Alkohol oder auch Drogen von der eigenen Innenwelt zu distanzieren. Oder anders gesagt: Alles, was sich unkomfortabel anfühlt, wird durch andere Einflüsse übertönt. So können Schmerzen oberflächlich gesehen nicht wahrgenommen werden. Erst wenn du allein bist, eine stille Minute hast, wirst du bemerken, dass da etwas ist, das gesehen werden möchte.

Immer mehr Leute haben Angst, ihren eigenen Schmerz zu spüren. Aber wieso haben wir vor etwas Angst, was unser eigenes ist? Der Schmerz gehört zu uns und kann uns ins Licht führen.

Wir müssen den Schmerz zulassen. Wenn wir Widerstand leisten, ist der Zusammenbruch unvermeidlich.

Auch wenn es sich nach Tod anfühlt, lass es geschehen. Denn in Wirklichkeit ist es nicht der Tod. Es ist eine neue Geburt.

- Schmerz kann dich öffnen oder dich verschließen.
- Schmerz kann dein Wachstum oder dein Untergang sein.
- Schmerz kann dich zu bedingungsloser Liebe oder zu Hass führen.

Wenn wir durch den Schmerz hindurchgehen und daran wachsen, unser Herz nicht verschließen, passiert etwas ganz Wundervolles: Liebe kann durch dich hindurchströmen. Es wird Erfahrungen geben, die schmerzhaft sein werden, Erfahrungen, an denen du zu zerbrechen glaubst. Das wirst du aber nicht. Du wirst wachsen und stärker sein denn je. Spüre den Schmerz, akzeptiere ihn ... und lass ihn los.

MANTRA

Ich lasse alles los, was mir nicht mehr dient, mich begrenzt und mich nicht erfüllt. Ich schreite mutig voran und lasse all den Ballast hinter mir.

Angst mag Identitäten

Wir legen uns Identitäten zu und glauben, diese Identität »zu sein«. All das beginnt schon in der Kindheit und wird bis ins hohe Alter fortgeführt. Wenn dich jemand fragt, wer du bist, ist die Wahrscheinlichkeit sehr hoch, dass du mit deinem Namen, deinem Wohnort und deiner Berufsbezeichnung antwortest.

Identitäten sind wie Masken oder Schleier. Wir legen uns eine nach der anderen zu und glauben, diese mit Haut und Haaren zu sein.

Stell dir vor, du bist auf einer Feier und mehrere Leute sitzen am Tisch und erzählen kurz von sich. Der eine stellt sich ganz stolz als Herzchirurg vor, wobei die Frau danach ihren Beruf der Reinigungskraft nennt. Die Wahrscheinlichkeit ist groß, dass der eine sehr stolz auf seine Identität ist und die andere weniger.

Und viele identifizieren sich nur darüber, was sie machen, wo sie leben, was sie besitzen, wohin sie in den Urlaub fahren. All das verschleiert aber das wahre Ich. Masken machen hart und distanzieren uns von unserem Kern, unserer wahren Essenz. Aber es ist komfortabler, da wir uns nicht mit uns selbst auseinandersetzen müssen. Aber auch nur im ersten Moment.

Identitäten haben verschiedene Gesichter

Wir alle haben eine Identität und können uns mit einer oder mehreren Rollen identifizieren.

Ich bin Mutter.

Ich bin Geschäftsfrau.

Ich habe eine Krankheit.

Ich bin nicht kreativ.

Ich bin analytisch.
Ich kann nicht rechnen.
Ich habe Angst vor Menschen.
Ich bin handwerklich nicht begabt.

All das sind Identitäten, die wir uns mit den Jahren auferlegen oder die uns andere geben. Wir glauben und verinnerlichen sie und leben danach. Sie geben uns die Richtung vor und begrenzen unsere Möglichkeiten. Die »Persona« oder Maske eines Menschen ist das soziale Auftreten, mit dem sich die Person an die Gesellschaft anpasst.

Laut Wikipedia wird der Begriff »Persona« wie folgt beschrieben: »Als Persona wird in der Psychologie die nach außen hin gezeigte Einstellung eines Menschen bezeichnet, die seiner sozialen Anpassung dient und manchmal auch mit seinem Selbstbild identisch ist. Der Begriff entspricht dem griechischen πρόσωπον/prosopon = Gesicht, der sich wie auch das lateinische ›persona‹ bereits in der Antike auf die Bedeutungen ›Schauspielermaske‹ (wie im antiken Theater), ›Rolle‹ (im Schauspiel oder Leben), ›Amtsstellung‹ und allgemein ›Person‹/›Persönlichkeit‹ auffächerte. Das Wort ›Persona‹ wurde auch als das ›Hindurchtönen‹ (personare = hindurchtönen, klingen lassen) der Stimme des Schauspielers durch seine Maske, die seine Rolle typisierte, verstanden. In jüngster Zeit wird ›Persona‹ auch für im Internet gezeigte Schein-Identitäten verwendet.«[1]

Identifiziert ein Mensch sich zu sehr mit dieser »Maske«, dann ist sie wie festgewachsen und kann willentlich nicht abgelegt werden. Und so schön manche Identitäten für das Ego auch sein können, so sehr neigen sie auch dazu, einen zu begrenzen.

Was wäre, wenn deine Leinwand – also deine Person, deine Rolle – leer wäre und du sie komplett neu bemalen könntest?

---

1 https://de.wikipedia.org/wiki/Persona, letzter Zugriff Mai 2019

Wenn neue Farben, die du vorher nicht mochtest, dich nun doch schmücken.

Wenn unerwartete Talente plötzlich zu Vorschein kommen, weil du deine alte Identität ganz bewusst abgelegt hast.

> Frage dich einmal genau:
> Welche Identitäten hast du dir bisher zugelegt?
> Welche Identität begrenzt dich oder schadet dir?

Folge keinem Dogma

Nachdem ich auf einem meiner Social-Media-Kanäle gepostet habe, dass ich Theta Healing und holotropes Atmen anbiete, kam eine Nachricht rein. Darin wurde die Frage gestellt, ob ich mich denn rein pflanzlich ernährte, um keine negativen Energien zu übertragen. Anstatt zu erforschen, ob die Heilssitzungen von Herzen kommen, musste ich eine solche Frage lesen.

Die erste Sache, die mir dazu einfiel, war, dass es nicht meine Energie ist, die bei der Arbeit genutzt wird. Und jeder, der sich damit schon auseinandergesetzt hat, weiß, was ich damit meine. Wenn es meine eigene Energie wäre, die da übertragen wird, dann liefe da etwas gewaltig falsch.

Und zum anderen ist mir aufgefallen, dass ich dieses »Das ist negativ und das ist positiv«-Getue nicht mag. Bei so vielen Menschen ist Schwarz-Weiß-Malerei zu finden.

Wenn wir etwas verurteilen, ist es für uns negativ. Bevor wir es verurteilen, ist es neutral.

Wenn ich beispielsweise Lust auf ein Stück Schokolade habe, mir aber einrede, dass es ja so schlecht für mich ist, dann ist es das auch. Ich habe sofort ein schlechtes Gewissen, und mein Körper spürt das. Gönne ich mir aber ein Stück Schokolade und genieße es, so ist daran nichts auszusetzen.

> Wir entscheiden selbst, was welche Gefühle in uns hervorruft.

Ich kenne auch Menschen, die sich rein pflanzlich ernähren und sehr verbittert sind. Natürlich gibt es auch ganz tolle Leute, die sich vegetarisch oder vegan ernähren und dies tun, weil es sich richtig anfühlt. Es sollte nur nicht auf der Basis des Verurteilens geschehen.

Gleichzeitig kenne ich fantastische Heiler, die mich schon ein großes Stück weitergebracht haben, die nicht rein pflanzlich leben. Natürlich ernähren sie sich nicht schlecht, jedoch gönnen sie sich dennoch etwas, wenn ihnen nach Genuss ist. Die Gedanken sind frei, und somit steht es uns auch frei zu urteilen oder eben nicht.

Jeder Körper gibt Signale, was für den Organismus gut und schlecht ist. Wenn ich ein Stückchen Käse esse, beschwert sich mein Körper nicht. Esse ich jedoch ein halbes Kilo davon oder von Pommes mit Mayo, dann fängt mein Körper an zu randalieren.

Jeder von uns spürt, was richtig und was falsch ist – für sich selbst. Und sich etwas zu entsagen, weil man irgendwo gehört hat, dass das besser sein soll, macht für mich keinen Sinn und hat wieder mit Ängsten zu tun. Für mich ist es sinnvoll, Dinge auszuprobieren (mit einem gewissen Grad an Bewusstsein) und zu schauen, was für mich passt und was eben nicht. Und nicht einfach irgendwelchen Vorgaben oder Gedanken zu folgen, die man von irgendwem übernommen hat, der es wiederum von jemand anderem gehört oder gelernt hat.

Mich macht es manchmal traurig, dass so schnell verurteilt wird (das tue ich in manchen Fällen auch), anstatt einfach jeden sein Leben leben zu lassen. Jeder wird für sich schon auf den Trichter kommen, was passt und was eben nicht. Denn wir alle haben eine innere Intelligenz, die uns spüren lässt, was richtig und was falsch ist.

Vertraue deiner inneren Intelligenz

Genau dasselbe erfuhr ich auch bei einem Freund, der sich auf Facebook dazu äußerte, dass wir Fleisch essen sollten. Er ist Yogalehrer und bildet auch Yogalehrer aus. Unter den meisten Yogis gilt die Norm, vegan oder vegetarisch zu leben. Fleisch zu essen, ist in der Yogaszene nicht angebracht.

Die Kommentare unter seinem Post waren der Wahnsinn. Auf übelste Art und Weise wurde er kritisiert und schlecht gemacht, weil er Fleisch isst.

Ich konnte nachvollziehen, was seine Freunde damit meinten, da die meisten Tiere unwürdige Lebensbedingungen haben und brutal geschlachtet werden. Gleichzeitig konnte ich ihn aber auch verstehen. Wir leben offensichtlich in einer Gesellschaft, in der es nicht mehr so einfach ist, die eigene Meinung zu äußern. Alles ist schwarz oder weiß. Was ist aber, wenn dir nach Pink oder Gelb ist?

Immer mehr Menschen verstummen und haben keine eigene Meinung mehr. Sie folgen dem, was ihnen vorgegeben wird.

Warum kannst du nicht Yoga machen und ab und zu Fleisch essen? Nur weil mal jemand gesagt hat, dass es so sein soll? Hätte jemand das Gegenteil davon gesagt, wäre dies die Norm für Leute, die Yoga praktizieren.

Mir geht es gar nicht unbedingt um das Thema »Fleischessen-versus-vegan-Leben«. Es geht mir eher um Dogmen, nach denen viele von uns meinen, leben zu müssen.

Wenn du spürst, dass du kein Fleisch brauchst und es deinem Körper dabei wunderbar geht, ist es eine bewusste Entscheidung – denn es ist deine! Geht es dir aber schlecht dabei, und dein Körper wird beispielsweise durch Mangelzustände immer schwächer, dann ist es vielleicht an der Zeit umzudenken.

Genau dasselbe »Entweder-oder-Denken« nehme ich auch beim Trend »Selbstbestimmt-und-frei-Leben« wahr, offenbar gilt in den Augen vieler nur die eine Wahrheit: Mach dich selbstständig, arbeite ortsunabhängig, scheiß auf alles und jeden (leicht überspitzt gesagt), und lebe die volle Freiheit. Oder du führst alternativ ein konservatives Leben mit einem normalen Job, der dich langweilt, der aber »sicher« ist.

Auch hierbei gibt es anscheinend wieder nur Schwarz oder Weiß. Dabei wäre auch hier der Mittelweg klug. Nur ist dieser wieder nicht in Schubladen einzuordnen und findet dementsprechend weit weniger Anhänger.

Es gibt einfach Themen, bei denen Menschen keine wirkliche eigene Meinung mehr haben oder sich nicht trauen, sie zu äußern. Und so artet es auf beiden Seiten aus. Auf der vermeintlich »guten« sowie auf der »bösen« Seite.

Es macht keinen Sinn, etwas zu tun, nur weil mal jemand gesagt hat, dass es so richtig sei. Jeder muss seine eigene Wahrheit finden und nicht einfach blind anderen folgen. Wir haben die Intelligenz und die Intuition, selbst zu entscheiden, was richtig und was falsch ist.

Spüre also immer erst mal in dich selbst hinein, um zu entscheiden, was richtig und was falsch für dich ist.

Dogmen machen uns zu Schafen, wir folgen blind irgendwelchen Lehren, um uns selbst das Denken zu ersparen. Es wird der Denkweise gefolgt, die gerade gehypt oder vermarktet wird. Eine vegane Ernährungsweise ist gerade sehr hip. Spiritualität auch. Immer mehr Leute machen Yoga.

Gegen all das ist nichts einzuwenden, wenn es für einen selbst richtig ist und keiner falschen Motivation unterliegt.

> Was tust du, weil es dir deine innere Intelligenz sagt? Und was tust du, weil du von anderen gehört hast, dass es richtig sei?

Angst mag Spiele - Liebe mag Klarheit

Ich finde es gut, wenn das Leben spielerisch verläuft. Was ich aber nicht mag, ist, wenn jemand mit mir Spiele spielt. Jeder kennt sie, die Spielregeln zu Beginn einer Beziehung oder beim Daten. Verhalte dich auf eine bestimmte Weise, um das Resultat zu erhalten, welches du haben möchtest. Melde dich erst nach ein paar Tagen, zeige nicht zu viel Interesse. Dadurch beeinflusst du das Verhalten des anderen etc.

Ich finde das sehr ermüdend. Nicht nur beim Dating und in Beziehungen, sondern allgemein. Bei Businessmeetings, bei vielen Familientreffen, unter Freunden. Überall habe ich so etwas schon wahrgenommen.

Angst manipuliert

Angst möchte immer alles unter Kontrolle haben, deshalb manipuliert sie. Kontrollverlust würde bedeuten, sich so zu zeigen, wie man in Wirklichkeit ist, und darauf zu vertrauen, dass das Leben genau das bringt, was es bringen soll.

Es scheint zunächst einfacher zu sein, alles mitlenken zu können. Jedoch schadet man sich selbst nur damit, wenn man andere Menschen manipuliert und Spiele mit ihnen spielt. Du bist nicht ehrlich und bekommst auch nichts Ehrliches zurück. Denn du weißt gar nicht, wie sich die andere Person ohne jegliche Form von Manipulationen verhalten hätte. Vielleicht wäre das Ergebnis viel besser gewesen. Und vielleicht hättest du dich auch viel besser dabei gefühlt.

Ich habe mich beim Dating nie an irgendwelche Regeln gehalten, sondern war einfach, wie ich war. Ich war ehrlich und habe kommuniziert, wie ich mich fühle und was ich erwarte.

Was hätte es auch gebracht, wenn ich mich verstellt hätte? Ich hätte jemandem etwas vorgespielt, und vielleicht hätte es mein Gegenüber gemocht und sich in mich verliebt. Und nach ein paar Wochen oder spätestens Monaten hätte er dann gemerkt, dass es nicht ehrlich war?

Gerade zu Beginn von Beziehungen scheint es normal zu sein, Spiele zu spielen. Doch Vorsicht: Spiele zu spielen oder spielerisch miteinander umzugehen, sind zwei unterschiedliche Dinge.

Mir ist es auch schon passiert, dass ich mich in jemanden verliebt habe, der sich zu Beginn der Beziehung ganz anders gegeben hat, als er in Wirklichkeit war. Ich fing mich nach ein paar Wochen an zu wundern, wen ich mir da angelacht hatte. Denn die Person, die ich kennengelernt hatte, hatte nichts mit der Person zu tun, die sich nach ein paar Wochen zeigte. Nach außen hin gab er sich sehr positiv und voller Energie, und zu Hause kamen die Ängste und Probleme zum Vorschein. Hätte ich diesen Mann direkt so kennengelernt, dann hätte es noch nicht mal ein zweites Date gegeben.

Die Sache ist die: Manipulation passiert nur aus Angst heraus. Die Angst, nicht gut genug zu sein. Dadurch entsteht umgehend die Angst, nicht das zu bekommen, was man haben möchte. Keinem ist damit geholfen. Das sogenannte »Spiel« beruht auf Lügen und Angst. Und wie soll da das Resultat aussehen?

> Sei immer ehrlich mit dir, und zeige anderen dein authentisches Selbst.
> Denn so, wie du bist, bist du perfekt!
> Und es gibt Menschen, die dich lieben, ganz genau so, wie du bist.

Die Glückslüge

Noch vor ein Paar Jahren hatte mein Blog die Tagline »Dein Glück beginnt im Kopf«. Doch irgendwie konnte ich mich schon damals nicht so richtig damit anfreunden. Ich finde das Thema »Glücklich-Sein« sehr wichtig, doch kann es nicht das alleinige Ziel unseres Lebens sein. Meiner Meinung nach jedenfalls.

Es fühlte sich so flach an – und ich mich sogar nach einer Weile schlecht, darüber zu schreiben, da niemand immer glücklich ist. Und gleichzeitig löste es viel Druck in mir aus, immer glücklich sein zu müssen. Wir alle durchleben auch tiefe Täler, und ich kenne keinen, der nicht ab und zu mal schlechte Laune hat oder bei dem immer alles konstant gut und gradlinig verläuft.

Natürlich ist das Thema für all diejenigen wichtig, die sich nichts sehnlicher wünschen, als glücklich zu sein. Sicherlich sind da Schritte zu mehr Leichtigkeit erst einmal wichtig. Ich war selbst auch an dem Punkt und brauchte eine Weile, bis es in meinem Kopf »Klick!« machte.

Es kann aber nicht der Sinn des Lebens sein, jeden Tag dauergrinsend durch die Gegend zu laufen! Jedenfalls nicht für mich. Für mich sind Freiheit und Authentizität wesentlich wichtiger als das konstante Gefühl von Glück.

Es ist machbar, glücklich zu sein, wenn man ehrlich zu sich selbst ist. Es gibt inzwischen genug Techniken, die sogar dabei helfen können, das innere Glück zu finden (natürlich sieht das beispielsweise bei schweren psychischen oder auch physischen Erkrankungen anders aus). Doch ist Glück nur eines der vielen Gefühle, die wir in uns tragen.

Glück kommt und geht

Noch vor einem Jahr bin ich viel lächelnd durch die Straßen gelaufen und fühlte mich einfach nur leicht. Als ich mich so fühlte, ließ ich ungern andere Emotionen zu. Ich wollte glücklich sein und war es auch. Es war und ist einfach nur eine Entscheidung, die jeder täglich treffen kann. Daran hat sich auch heute nichts geändert. Ich wollte »Glück« spüren, also tat ich alles dafür. Fühlte ich mich einen Tag mal nicht so dolle, dann ging es auf die Yogamatte, und mein Grinsen war zurück.

Jahre zuvor wollte ich unbewusst Melancholie spüren, also tat ich auch das. Wir treffen bewusst sowie unbewusst Entscheidungen und leben dementsprechend. Ich hätte die Melancholie eher unterbrechen können, doch unterstützten alle meine Handlungen und Gedanken diese Empfindung. Und genauso ist es mit dem Gefühl von Glück.

> Glück ist einfach nur Glück.
> Und es ist wie mit anderen Gefühlen:
> Sie kommen und gehen.

Jedes Gefühl ist interessant, doch bringt es nichts, daran festzuhalten. Das Leben verläuft nicht gradlinig und unsere Gefühle auch nicht. Jedes Gefühl, das auftaucht, möchte gesehen und gespürt werden. Es geht nicht darum, die negativen Gefühle nicht mehr zu erlauben oder sie zu verurteilen. Alle Gefühle, die wir in uns tragen, gehören zu uns. Es geht darum, du selbst zu sein. Authentisch im Hier und Jetzt zu leben. Fühle mehr. Denke weniger.

Entscheidungen

Du weißt, was du vom Leben möchtest. Du weißt, wie du dich fühlen möchtest. Du weißt, von welchen Menschen du umgeben sein willst. Du weißt, dass du im Gegenzug viel geben kannst? (Denn nur zu nehmen, funktioniert natürlich nicht.)

Gibt dir das Leben manchmal das Gefühl, dass deine Erwartungen zu hoch sind? Oder meinst du eher, deine Standards sind zu niedrig? Glaubst du, dass du all das Glück, die Liebe und die schönen Dinge nicht verdient hast? Dann ist das deine Entscheidung, die du unbewusst vor langer Zeit getroffen hast.

Den Selbstwert steigern

Wenn dein Selbstwert hoch ist und du weißt, was du kannst und was du zu bieten hast, wirst du auch andere Erwartungen an das Leben haben und dementsprechend auch anders leben, andere Entscheidungen treffen und andere Resultate erreichen.

Wenn du glaubst, dass du beruflich und privat mit wenig zufrieden sein solltest, wirst du auch nicht mehr erhalten. Wenn du glaubst, dass dein Partner dich schlecht behandeln kann und du dennoch bei ihm oder bei ihr bleibst, dann zeigst du damit, dass du wenig Selbstwert hast. Wenn du der festen Überzeugung bist, dass Arbeit einfach nötig ist, und du akzeptiert hast, dass es keinen Spaß machen muss, so ist dies deine Entscheidung.

Ich für mich habe etwas anderes erlebt. Gib dich nicht mit dem Mittelmaß zufrieden. Sonst schickst du ins Universum die Information hinaus, dass du nicht mehr verdient hast und auch nicht mehr haben möchtest.

Wenn du aber weißt, wie du dich fühlen möchtest, und dieses Gefühl hinausschickst, bekommst du es auch zurück.

Denn du vertraust darauf, dass es da mehr für dich gibt, und du tust ja auch etwas dafür.

Halte deine Standards hoch! Du bist es wert, ein Leben zu führen, wie du es dir vorstellst.

> Verändere deine Einstellung von »Ich sollte« auf »Ich will!«.

Jeder kennt Neujahrsvorsätze. Die meisten von uns mögen sie sogar, oder sie glauben, sie zu mögen. Also ich habe persönlich nie Lust auf die »Ich-sollte-Punkte«. Ich schiebe sie dann vor mir her, bis ich die Notizen wegschmeiße. Oft höre ich Dinge, wie:

- Ich sollte aufhören zu rauchen.
- Ich sollte ins Fitnessstudio gehen.
- Ich sollte mich gesünder ernähren.
- Ich sollte mehr Urlaub machen.
- Ich sollte weniger arbeiten.

Sollte, sollte, sollte ... Wenn es aber plötzlich diesen Moment gibt, in dem du frei entscheidest: »Ich will aufhören zu rauchen«, dann gibst du dir selbst die Macht zurück. Du findest keine Entschuldigungen mehr, wie »Ich habe schon mein halbes Leben lang geraucht, so bin ich halt«, sondern du trittst aus dem Opfermodus heraus und packst die Dinge selbst an.

Bestimmen Entscheidungen über dein Leben, die du vor vielen Jahren getroffen hast? Hast du entschieden, konservativ zu sein, und bist nur aus dir herausgekommen, wenn du beispielsweise betrunken warst? Hast du es dann auf den Alkohol geschoben? Hast du in der Schule entschieden, schüchtern zu sein, weil dich andere Kinder ausgelacht oder gemobbt haben? Hast du in einer Beziehung vor vielen Jahren entschieden, dass alle Männer »scheiße« sind?

Überdenke deine Entscheidungen! Wann hast du dich – vielleicht aus Angst? – für deine Limitierungen entschieden?

Wir entscheiden so oft ganz unbewusst in gewissen Momenten, wer wir glauben zu sein und was wir verdient haben. Aber: Wir können diese Festlegungen auch wieder rückgängig machen!

> Sobald du realisierst, dass es deine eigenen Limitierungen sind, die dich eingrenzen, wird aus dem »Ich sollte« ein »Ich will« und ein »Ich werde«. Und damit hast du automatisch höhere Standards und viel mehr Power und Willenskraft. Du weißt genau, dass du es wert bist und dass du diese Standards umsetzen und leben kannst.

Angst vor Entscheidungen

Ich habe Folgendes schon so oft bei anderen gesehen und auch bei mir selbst erlebt: Wenn es darum geht, Entscheidungen zu treffen, die in dem Moment wichtig scheinen, machen wir es uns unendlich schwer.

Als ich einmal mit vielen anderen digitalen Nomaden in Brasilien ankam, musste die Entscheidung getroffen werden, wohin es als Nächstes gehen sollte. Manche blieben erst mal in Porto de Galinhas, einem kleinen Küstenort, andere zogen weiter nach Rio oder São Paulo. Wiederum andere flogen nach ein paar Tagen zurück nach Europa.

Ein Freund von mir konnte sich nicht entscheiden, da es einfach viel zu viele Optionen gab. Er hätte zu einem tollen Yoga-Retreat fahren können, zum Kitesurfen, nach Rio oder nach Lissabon.

Er entschied sich für Lissabon. Am nächsten Tag dann für Rio, und er buchte auch gleich eine Unterkunft. Und nur wenige Stunden später entschied er sich für einen Flug nach Toronto und startete am nächsten Tag.

Freiheit kommt mit den Optionen. Das klingt sicherlich nach Luxusproblemen. Und das sind sie definitiv auch!

Jeder muss andere Entscheidungen treffen, der eine mehr, der andere weniger. Ein Mensch, dem fast der ganze Tag vorgegeben wird, muss sich nicht so viele Gedanken machen. Die meisten Entscheidungen werden ihm abgenommenen. Müssen wir aber Entscheidungen treffen, ist es wichtig, nicht aus Angst heraus zu handeln, sondern aus Harmonie und Liebe.

Ich musste damals in Brasilien auch eine Entscheidung treffen, und ich entschied mich dazu, nach Lissabon zu fliegen und eine Woche später nach Deutschland, um mit meiner Familie Weihnachten zu verbringen. Die Entscheidung fühlte sich ganz klar an, ohne jegliche Zweifel oder störende Emotionen. Die Zweifel kamen erst am nächsten Tag, als ich realisierte, wie anstrengend es bei der Familie zu Hause werden würde, während der Rest »meiner Leute« Weihnachten unter Palmen verbrachte. Plötzlich hatte ich Angst, etwas zu verpassen. Und da war es auch schon wieder, das Wort »Angst«.

Verwirrung entsteht aus Angst

Was passiert, wenn ich Option A wähle und B wäre besser gewesen? Soll ich dann lieber C nehmen, um jegliche Enttäuschung zu vermeiden?

Die Kunst liegt darin, den ersten Impuls wahrzunehmen und sofort zu handeln und nicht anzufangen, alles zu zerdenken. Sobald wir das tun, entsteht großes Chaos. Der Verstand macht uns im weiteren Verlauf noch auf alle Risiken aufmerksam und zeigt vermeintlich »sichere« Optionen auf.

Es geht um Vertrauen. Vertrauen in die Intuition und dass wir in der Lage sind, gute Entscheidungen zu treffen. Die Zweifel zeigen sich, weil wir mit uns selbst hadern:

- Kann ich meiner inneren Stimme vertrauen?
- Sollte ich noch andere um Rat bitten?

- Kann ich die Entscheidung auf später verschieben?
- Verpasse ich etwas, wenn ich mich für Option A entscheide?
- Verliere ich etwas, wenn ich mich festlege?
- Enttäusche ich jemanden mit der Entscheidung?

Je freier du lebst, desto mehr Entscheidungen musst du treffen. Freiheit kommt mit Verantwortung. Die Verantwortung, über dein eigenes Leben zu bestimmen. Wenn du keine Entscheidung triffst, ist es noch schlimmer. Du überlässt dadurch anderen die Entscheidung über dein Leben.

Die Angst, dass es in die falsche Richtung gehen könnte, ist nicht real. Wenn du Vertrauen in dich und das Leben hast, dann weißt du, dass keine Entscheidung falsch ist. Alles führt in die Richtung, in die es sowieso gehen soll. Manche Wege sind Umwege, wiederum andere sind Abkürzungen. Das bedeutet aber nicht, dass die Abkürzung besser ist als der Umweg. Wer weiß, wen du auf deinem Umweg kennenlernst und welche Orte du noch entdecken darfst.

Egal, wofür du dich auch entscheidest, es eröffnen sich neue Wege und Möglichkeiten, die wahnsinnig spannend sind. Genieße die Entscheidung, und hinterfrage die Entscheidung nicht, nachdem du sie getroffen hast. Gehe den Weg ohne Wenn und Aber – ohne die Angst im Nacken. Wenn du eine Entscheidung getroffen hast, aber weiterhin an die anderen Optionen denkst, dann bist du nur halbherzig dabei und kannst gar nicht wahrnehmen, was dir das Leben bietet.

Sei voll und ganz da, und genieße die Früchte, Herausforderungen, Möglichkeiten und Menschen, die diese Entscheidung in dein Leben bringen wird.

»Die schlimmste aller Entscheidungen ist, keine Entscheidung zu treffen.«
Evelin Chudak

Viele von uns werden mit folgenden Ängsten konfrontiert, die automatisch zu den falschen Entscheidungen führen: die Angst davor, allein zu sein, die Angst, nicht genug Geld zu haben, die Angst, etwas zu verpassen.

Angstbasierte Entscheidungen werden aus dem Gefühl des Mangels heraus getroffen. Wenn du Angst hast, allein zu sein, dann reichst du dir selbst nicht. Damit ziehst du garantiert die falschen Menschen in dein Leben. Auch die Angst, nicht genug Geld zu haben, führt dazu, dass du nicht deinem Herzen folgst und Dinge nur des Geldes wegen machst. Anstatt etwas zu tun, was dir Spaß macht, aber vorerst weniger Geld bringt, entscheidest du dich nur für das Geld. All das führt zu Entscheidungen, die nicht aus dem Herzen heraus getroffen werden.

> Horche in dich hinein, ob dein Herz sich freut über die Entscheidungen, die du triffst, oder ob es enttäuscht ist.

Wie du die besten Entscheidungen triffst

Vor ein paar Jahren nahm ich einen Auftrag von einer amerikanischen Marketingagentur an. Als ich damals die E-Mail von einer ihrer Angestellten erhielt, hatte ich gemischte Gefühle. Wir einigten uns aber, und es schien doch alles in Ordnung zu sein. Dennoch überkam mich ein ungutes Gefühl, wenn ich an die Agentur dachte. Mein Verstand fand es aber top, da ich ein gutes Einkommen erhielt, und damit sollte ich ja ganz zufrieden ein. Letzten Endes hat man mir viel zusätzliche Arbeit aufgebrummt, und auch die Dienstleistung des Kunden war moralisch fragwürdig. Mein Unterbewusstsein hatte mir bereits im Vorfeld Signale gesendet, dass ich damit nicht glücklich sein würde. Ich hätte auf mein Gefühl hören sollen – und mir viel Ärger erspart.

Ein positives Beispiel intuitiver Entscheidungen ist folgendes: Ich war in Melbourne und fühlte mich körperlich nicht auf der Höhe. Ich checkte online alle Akupunkteure in der Umgebung ab, suchte mir einen bestimmten aus und lief los. Dabei verlief ich mich ein paarmal, kam nach einer halben Stunde aber dennoch an. Ich betrat die Praxis und fragte, ob der Akupunkteur gerade Zeit hätte. Seine Praxiskraft und er fingen an zu lachen und waren verblüfft. Ein paar Minuten zuvor hatte ein Patient für genau den Zeitpunkt abgesagt. Hätte ich mich nicht verlaufen, wäre ich zu früh da gewesen und hätte kein Glück mit einem Termin gehabt. Hinzu kam noch, dass der Chef der Praxis Monate im Voraus ausgebucht war. Die Behandlung war fantastisch und er konnte mir helfen. Mein Bauchgefühl hatte mich dorthin geführt, und ich hatte genau das erhalten, was ich benötigt hatte. Folge ich meinem Bauchgefühl, ist das Resultat phänomenal. Ich fühle mich glücklich, und mein Herz tanzt. Folge ich ausschließlich meinem Verstand, ist das Resultat oft kräftezehrend.

Warum wir keine Entscheidungen mögen

Unser Verstand möchte lieber alles beim Alten belassen, Entscheidungen bergen Veränderungen. Der Status quo ist doch »toll« und ziemlich sicher. Du weißt, was du hast, und es kommen keine unerwarteten Überraschungen auf dich zu. Du vermeidest unbekannte Risiken, aber auch das unbekannte Glück.

Dann braucht der Kopf natürlich auch noch mehr Zeit für die Entscheidung – auch Prokrastination genannt – um mehr Informationen einzuholen und einfach Zeit zu gewinnen. Das führt zu noch mehr Verwirrung, da die Anzahl der Möglichkeiten nun steigt.

Natürlich kann es beängstigend sein, Verantwortung zu übernehmen. Aus Angst, die falsche Entscheidung zu treffen, wird einfach gänzlich von ihr abgesehen. Und genau das ist das Trio, das dich davon abhält, Entscheidungen zu treffen:

- Erhaltung des Status quo
- Prokrastination
- die Angst davor, Verantwortung zu übernehmen

Bauch über Kopf

Es gibt sicherlich eine Vielzahl an Strategien, die dem Verstand dabei helfen können, die richtigen Entscheidungen zu treffen. Doch sind diese wirklich hilfreich, wenn es darum geht, herauszufinden, was für dein Herz richtig ist?

Dein Bauchgefühl oder deine Intuition wissen viel mehr, als jegliche Strategien es jemals könnten. Denn dein persönlicher Kompass kennt dich und weiß, was für dich richtig ist. Wenn du also keine Zeit verschwenden möchtest, dann vertraue bei Entscheidungen auf dein Bauchgefühl.

Ich denke, dass es verschiedenen Techniken gibt, das Bauchgefühl wieder zu schärfen oder besser gesagt, den Lärm von außen zu minimieren, sodass wir hören können, was das Bauchgefühl mitteilen möchte.

Wenn wir zur Ruhe kommen, haben wir den besten Zugang zu unserem Bauch. Wenn wir gestresst sind oder uns konstant beschäftigt halten, ist es schwer, die feine Stimme zu hören. Am besten gehst du in der Natur spazieren, machst langsames Yoga, meditierst oder tust etwas anderes, was dir dabei hilft zu entspannen, aber bei vollem Bewusstsein zu bleiben.

Ich erhalte oft Antworten direkt nach dem Aufwachen. Sie machen natürlich nicht immer Sinn, sind jedoch rein und wahr. Vertrauen wir unserem Gefühl, geben wir uns Macht. Wir wissen, dass alle Informationen, die wir benötigen, schon in uns schlummern und nur darauf warten, gehört zu werden.

Mach dir in Ruhe darüber Gedanken:
Welche Entscheidungen schiebst du auf?
Warum schiebst du sie auf?

Wovor hast du Angst?

Was kann schlimmstenfalls passieren?

Ist deine Angst gerechtfertigt?

Emotionen bei Entscheidungen

Was ich auch lernen musste, ist, dass ich große Entscheidungen nicht treffen sollte, wenn ich ein extremes Hoch oder Tief habe. Die Entscheidungen werden durch die Emotionen verfälscht, da du nicht in dir ruhst, sondern das Gegenteil davon passiert.

Triff Entscheidungen aus dem Bauch heraus und nicht auf der Basis von Emotionen. Die Entscheidung könnte sich sonst am nächsten Tag als nicht sehr gut erweisen.

MANTRA

Ich treffe gern Entscheidungen und habe ein gutes Gefühl dafür, welche Entscheidungen richtig für mich sind. Denn Entscheidungen geben mir die Freiheit und die Macht, über mein Leben zu bestimmen.

Angst transformieren

Kennst du das Gefühl, im Leben festzuhängen? Nicht voranzu-
kommen, obwohl du es eigentlich unbedingt willst? Du trittst
auf der Stelle und weißt nicht, woran es liegt. Ist es die Angst, die
dich daran hindert weiterzugehen?

Jeder steckt mal fest

Ich kenne das Gefühl nur allzu gut. Letztes Jahr habe ich versucht vorwärtszukommen und die Projekte, die mir sehr am
Herz liegen, zu verwirklichen. Ich hing aber das komplette Jahr
fest. Ich kam nicht wirklich voran, obwohl ich genau wusste, was
ich wollte. Ich konnte mein Ziel ganz klar und deutlich sehen,
und ich wusste, dass es gut werden würde. Aber es ging einfach
nicht. Ich war blockiert.

Dieses Gefühl kannte ich schon aus der Vergangenheit.
Auch damals kam ich nicht weiter. Diese Situation war zeitweise
unerträglich für mich. Es dauerte Jahre, bis ich mich wieder
vorwärtsbewegen konnte.

Jetzt ist es zum Glück anders ... Denn inzwischen bin ich
wieder im Flow, und es läuft. Meine Augen glänzen, wenn ich
vor meinem Laptop oder Notizbuch sitze oder wenn ich anderen
von meinen Ideen erzähle.

Die letzten zwei Wochen habe ich eigentlich nur ge-
schrieben, gegessen und geschlafen. Aber es fühlte sich richtig
an, und die Worte wollten einfach raus. Es lief also komplett
ohne Anstrengung.

Was mir geholfen hat, wieder in den Flow zu kommen

Wenn wir nicht weiterkommen, bedeutet es, dass wir im Leben irgendwo gestrandet sind, wo wir nicht sein möchten. Wir wissen vielleicht, wohin wir wollen, aber wir haben keine Ahnung, wie wir dorthin gelangen sollen. Manchmal können wir uns auch einfach nicht mehr vorwärtsbewegen.

Ich lebe generell recht langsam. Das heißt, Prozesse in meinem Inneren verlaufen in einem gemäßigten Tempo. Denn ich durchlebe jeden einzelnen Schritt sehr intensiv. Wenn ich also festhänge, entscheide ich mich dazu, es ab einem gewissen Punkt einfach geschehen zu lassen. Ich akzeptiere, dass es gerade nicht vorwärtsgeht, und verschwende eine Zeit lang keine Gedanken mehr an mein Vorhaben. Ich widme mich stattdessen anderen Dingen, die nicht so viel Zeit und Aufmerksamkeit beanspruchen. Oder auch Dingen, die mir keine Angst machen.

Meistens ist es nämlich schlicht und ergreifend die Angst, die uns nicht vorankommen lässt. Auch wenn sie oft in einem anderen Gewand daherkommt und ab und an schwer zu erkennen ist.

Wenn wir uns nicht vorwärtsbewegen und an derselben Stelle bleiben, sind wir scheinbar sicher. Doch diese Sicherheit lässt uns nicht wachsen und nicht dorthin kommen, wo wir gern wären.

Wenn wir wachsen möchten und unsere Träume real werden sollen, dann müssen wir uns lösen und Risiken eingehen. Wir müssen uns auf das Ungewisse einlassen und dem Leben vertrauen.

Vor welchem Schritt hast du Angst?

Seien wir ehrlich zu uns. Im tiefsten Inneren wissen wir nämlich, wovor wir Angst haben.

Ist unsere Beziehung vielleicht schon längst am Ende, und wir möchten es uns nicht eingestehen?

Fühlen wir uns zunehmend schlechter, weil wir keinen Sport treiben und uns ungut ernähren?

Ist es an der Zeit, den Job zu kündigen, an uns selbst zu glauben und das zu machen, was uns am Herzen liegt?

Sobald wir diese ehrliche Unterhaltung mit uns selbst führen, haben wir den ersten Schritt hinter uns und können den nächsten gehen. Das löst einen Prozess aus, der uns noch viele weitere Schritte gehen lässt und uns immer weiter in die Richtung führt, wo wir hinwollen.

Die letzten Jahre waren voller Veränderungen. Deshalb wäre es schön gewesen, auch einfach mal stehen bleiben zu können. Doch es war nicht mein Gefühl, das stehen bleiben wollte, sondern mein Verstand. Und das ist ein riesengroßer Unterschied. Ich habe für mich gemerkt, dass ich Angst davor hatte, etwas Neues anzugehen und den nächsten Schritt zu wagen. Ich wollte mich lieber kleinhalten, da es dort »gemütlich« und vermeintlich sicher war. Außerdem gebe ich natürlich mit jedem Projekt und jedem weiteren Wort viel von mir preis, und dadurch werde ich verletzlicher und angreifbarer. Doch mein Gefühl sagte mir, dass ich weitermachen sollte. Es war Zeit für Veränderungen und neue Herausforderungen. Nur hatte ich einfach tierisch Schiss davor.

Wenn wir spüren, dass wir eine Pause brauchen, müssen wir sie uns auch gönnen. Wenn wir aber merken, dass wir nur blockiert sind, dann ist es an der Zeit, uns mit unseren Ängsten auseinanderzusetzen.

Sei ein Angsthase, und tu trotzdem, was du möchtest

Wenn ich auf meine Schulzeit zurückblicke, sehe ich, dass ich schon immer ein Angsthase war. Was sicherlich auch daran lag, dass ich sehr schüchtern und sensibel war und wegen meiner Dyslexie beim Vorlesen immer ausgelacht wurde. Mit den Jahren wurde ich immer ängstlicher und wollte bestenfalls gar nicht auffallen. Am liebsten wäre es mir gewesen, wenn mich niemand wahrgenommen hätte.

Irgendwann, als ich älter wurde, bemerkte ich, dass ich so nicht weitermachen konnte. Ich unterdrückte jedoch weiterhin viele meiner Wünsche, um weiterhin unauffällig zu bleiben. Ich wollte einfach nicht von anderen gesehen werden. Während der Schulzeit und des Studiums waren Präsentationen die Hölle für mich. Aber auch einfach nur an die Tafel zu müssen, war ein Horrorszenario. Leider war keiner der Lehrer pädagogisch so weit, wahrzunehmen, was da wirklich los war und mit mir oder meinen Eltern ins Gespräch zu kommen. Das Gegenteil davon geschah.

Im Studium bekam ich bereits im Beisein anderer Menschen Angstzustände. Im Hörsaal, Seminarraum, im Kino und selbst, wenn ich Freunde besuchte. Es wurde immer schlimmer, und ich wusste mir nicht zu helfen. Um Prüfungssituationen einfach zu überstehen, verschrieb mir ein Arzt starke Beruhigungsmittel. Wie die Prüfungsergebnisse aussahen, kannst du dir sicherlich vorstellen.

Ich entschied ab einem Punkt, dass es so nicht mehr weitergehen konnte. Ich bat um Hilfe und ging zum Psychologen, zur Hypnose und probierte auch etwas mit NLP (Neuro-Linguistisches Programmieren) aus. Die Hypnose war hilfreich, der Rest jedoch weniger.

Ich entschied, dass ich meine Handlungsweise ändern musste. Damals reiste ich für mein erstes Auslandssemester nach Australien, ein Aufenthalt, der mir einen Einblick in ein anderes

Leben ermöglichte. Plötzlich fing ich wieder an, Dinge zu tun, auch wenn sie mir Angst machten.

Es dauerte sicherlich eine Weile, bis ich verstanden hatte, dass ich selbst für mich verantwortlich war, und entscheiden musste, ob ich meine Ängste über mich und mein Leben regieren lassen sollte – oder ob ich sie einfach wahrnehmen konnte und meine Vorhaben trotzdem in Angriff nahm. Ich entschied mich für Letzteres.

> Ein Leben voller Ängste ist kein Leben. Du entscheidest dich gegen Liebe, Flow, Erfüllung, Leichtigkeit und dich selbst. Denn voll mit Ängsten kannst du nicht strahlen und du selbst sein. Die Angst wird dich und dein Licht immer zurückhalten. Mit der Angst bleibst du klein, viel kleiner, als du es in Wirklichkeit bist.

Ich kann mich noch ganz genau daran erinnern, dass ich zu Beginn Angst hatte, in kleine und intime Yogastudios zu gehen. Man hätte mich ja wahrnehmen können. Ich ging aber trotzdem hin und gewöhnte mich auch mit der Zeit daran. Heute liebe ich kleine Yogastudios und den Kontakt zu anderen.

Und genauso mache ich es inzwischen mit anderen Dingen auch. In den letzten Jahren habe ich einen Bungee-Jump gewagt, bin über Byron Bay aus dem Flugzeug gesprungen, habe ein Praktikum für einen Blogger gemacht, der mich nach Thailand schickte, und entschied mich spontan dazu, dortzubleiben. Ich startete meinen eigenen Blog, schrieb mein erstes Buch, ging zu den richtigen Veranstaltungen, besuchte Toastmasters (eine Non-Profit-Organisation zur Förderung der Kunst des öffentlichen Redens), da ich mir fast in die Hose machte, wenn ich nur an Public Speaking dachte, und fing einfach an, zu leben und an mein Potenzial zu glauben. Das Potenzial, das schon immer da gewesen war. Ich hatte es aber nicht wahrnehmen können, da die Angst einfach zu groß gewesen war. Und genau dasselbe Potenzial hast du auch. Es möchte gelebt werden. Es ist auf der anderen Seite der Angst einfach so viel schöner, aufregender, facettenreicher und erfüllender.

> Nimm deine Angst wahr, tu aber trotzdem, was du möchtest. Es gibt keine Menschen, die vor gar nichts Angst haben. Es ist normal, Angst zu verspüren. Jedoch liegt der große Unterschied darin, ob du zu den Menschen gehörst, die sich von der Angst regieren lassen, oder zu den Menschen, die Angst haben und ihre Wünsche dennoch angehen!

Ängste verschwinden erst durchs Tun

Ich kann mich noch ganz genau daran erinnern, als ich mal eine Weile auf Bali lebte und Angst davor hatte, selbst Roller zu fahren. Die Balinesen fahren etwas wilder, und dazu hatte ich noch nie auf einem solchen Gefährt gesessen.

Nach ein paar Wochen nervte mich meine Angst aber zunehmend, da ich dadurch einfach zu unselbstständig war. Immer musste ich nach einem Taxi schauen und mich fahren lassen. Es kostete mich mehr Geld und machte auch recht wenig Spaß, immer auf andere angewiesen zu sein. Ich musste mich also überwinden. Und was soll ich sagen …? Ich liebe das Rollerfahren heute. Aktuell bin ich auch auf Bali und düse durch die Reisfelder und genieße das Gefühl von Freiheit. Das Rollerfahren wurde von Tag zu Tag angenehmer und machte nach einer Woche schon richtig Spaß.

Auch das Reisen allein als Frau war im ersten Moment etwas Neues. Ich gewöhnte mich aber sehr schnell daran und weiß heute diese Freiheit zu schätzen.

Public Speaking war für mich immer die höchste Form von Angst, die ich verspüren konnte. Nichts hätte herausfordernder und gleichzeitig schlimmer sein können. In meiner Vorstellung machte ich mir in die Hose oder wurde ohnmächtig. Ich habe auch tatsächlich mal einen Dänen in Thailand kennengelernt, der als professioneller Sprecher arbeitete, und ihm ist genau das passiert. Er wurde beim Sprechen auf der Bühne ohnmächtig. Und er hat sich trotzdem nicht von seiner Angst abhalten lassen.

Ich habe großen Respekt vor Menschen, die sich nicht von ihrer Angst lenken lassen. Sie wissen, dass jeder mal Angst hat und dass das zu unserer Natur gehört. Trotzdem setzen sie ihre Vorstellungen um. Genau das sind die Menschen, die leben, was andere gern hätten: Freiheit.

Die Gefühle Angst und Aufregung fühlen sich sehr ähnlich an. Du kannst entscheiden, welches Gefühl es sein soll, wenn du das nächste Mal etwas Ungewohntes tust.

- Bist du aufgeregt oder hast du Angst, wenn du die Bühne betrittst?
- Bist du aufgeregt oder hast du Angst, wenn du allein ein fremdes Land bereist?
- Bist du aufgeregt oder hast du Angst, wenn du in eine neue Stadt ziehst?

Angst oder Aufregung – das kann einen großen Unterschied machen. Und Angst wird immer da sein. Es ist ganz natürlich. Es kommt nur auf die Herangehensweise an und ob du bereit bist »zu springen«. Zu warten, dass sich die Angst von selbst löst, macht es nur noch unkomfortabler.

Angst geht nur weg durchs Tun. Du meisterst es, bist stolz auf dich und stellst dich der nächsten Angst. Und so wächst du und wirst immer mutiger.

> Schreibe eine Liste mit deinen Wünschen und Sehnsüchten, und fange mit der Sache an, die dir am einfachsten erscheint. Was wolltest du schon lange tun, hast es aber aus Angst heraus nicht in Angriff genommen?

> Welche Aufgabe macht dir gerade am meisten Angst und blockiert dich? Was ist dabei deine größte Befürchtung? Überlege dir, wie du dir ein »Netz« vorbereiten kannst, dass du nicht zu tief fällst, wenn es nicht so klappt, wie du es möchtest. Tu es aber trotzdem. Denn normalerweise trifft das »Worst-Case-Szenario« nicht ein.

Warum der Tod die beste Motivation für ein erfülltes Leben ist

Es gab eine Phase in meinem Leben, in der ich innerhalb kürzester Zeit viele verrückte Dinge tat, wie zum Beispiel das Bungee-Springen in Thailand.

Viele haben mich für verrückt erklärt, so etwas in einem Land zu machen, das nicht so hohe Sicherheitsbestimmungen wie beispielsweise Deutschland hat. Ich habe es trotzdem getan. In demselben Zeitraum bin ich auch mit einer kleinen Propellermaschine nach Koh Samui geflogen. Vieles im Flieger wurde mit Tapes zusammengehalten, und mein Sitz klappte immer komplett nach hinten.

Wochen später hab ich mich dazu entscheiden, in Byron Bay, Australien, Fallschirm zu springen. Es war eine grandiose Erfahrung, die ich jedem nur empfehlen kann. Es war aufregend, im freien Fall zu sein, und superentspannend und befreiend, langsam mit dem offenen Fallschirm herunterzugleiten.

Was aber das Tollste an all den Erfahrungen war – oder an diesem Lebensabschnitt: Ich hatte keine Angst vor dem Tod. Ich habe die Erfahrungen mitgenommen, die ich mitnehmen wollte. Ich habe sie so sehr genossen, da mein Kopf frei von Ängsten war. Ich war voll im Vertrauen. Ich wusste, dass mich das Leben trägt und ich nicht auf morgen warten sollte. Es war pures Genießen,

Abenteuer satt und der natürliche Flow. Es war definitiv einer meiner besten Lebensabschnitte bisher.

Ich kenne auch Zeiten, in denen es genau andersherum läuft. Zeiten, in denen ich Angst habe und Sicherheit suche. Sicherheit, die mir keiner geben kann, da es sie nicht gibt.

Lasse ich mich nicht vollkommen auf mein Leben ein, dann habe ich Angst. Angst vor dem Tod. Angst zu Versagen. Angst vor der Meinung anderer. Angst, nicht geliebt zu werden.

Natürlich kann ein Bungee-Sprung schiefgehen, der Fallschirm beim Sprung nicht aufgehen oder ein Flugzeug abstürzen. Es kann aber auch sein, dass wir einen Autounfall haben, die Treppe hinunterfallen oder einen allergischen Schock erleiden.

Es geht mir darum, dass wir nicht wissen, wann und wie wir sterben. Und dasselbe gilt für die Menschen, die wir lieben. Denn auch um sie machen wir uns Sorgen.

Jedoch wissen wir mit Sicherheit, dass wir sterben werden. Es ist die einzige Sicherheit, die wir im Leben haben. Wäre es nicht klüger, den Tod als Motivation für ein erfülltes Leben zu nutzen? Zu akzeptieren, dass Leben und Tod einfach zusammengehören.

> Wir fangen erst richtig an zu leben, wenn wir die Angst vor dem Tod loslassen.
> Der Tod ist ein Teil unseres Lebens. Den Tod zu ehren und zu respektieren, bedeutet, das Leben in vollen Zügen zu leben.

Auf Bali lernte ich in einem Café einen indischen Meditationslehrer kennen, der mich zu seiner Veranstaltung einlud. Umgeben von Reisfeldern und Palmen fand in einem offenem Raum seine Meditation statt. In dieser Meditation ging es um den Tod. Wir alle lagen da und stellten uns unseren Tod vor, wie unser Körper verbrennt und unsere Seele als Licht in Richtung Himmel hinaufsteigt. Die Asche des Körpers floss daraufhin in einem Fluss hinunter.

Das mag alles für dich vielleicht etwas makaber klingen, doch lag der tiefere Sinn darin, wirklich zu spüren, dass wir viel mehr als nur der Körper sind und es nichts zu fürchten gibt. Alles ist perfekt so, wie es ist. Es gibt nichts, wovor wir Angst haben müssen. Wenn du an deinen Tod denkst, solltest du mehr Leben kreieren wollen. Leben kann ohne den Tod nicht existieren. Eines Tages werden wir sterben. Es ist die einzige Gewissheit, die wir haben. Was ist, wenn es schon morgen ist? Nächste Woche? Oder nächsten Monat?

Würdest du dein Leben genauso leben, genau das machen, was du gerade machst, wenn du morgen sterben würdest? Oder würdest du etwas ganz anderes tun?

Ist da jemand, zu dem du »Ich liebe dich« sagen würdest?

Ist da jemand, dem du verzeihen würdest?

Gibt es etwas, was du aufschiebst oder nicht loslassen kannst?

Es wird keinen besseren Zeitpunkt dafür geben als heute, all diese Dinge zu tun.

Die Angst vor dem Tod ist die Angst vor dem Leben

Der Tod gehört zu unserem Leben wie jeder Atemzug, den wir nehmen. Wir versuchen nur immer aus Angst heraus, an Menschen, Situationen und Dingen festzuhalten, die wir nicht ändern können – und dadurch entsteht Leiden.

Es ist der Fluss des Lebens. Und manche Dinge sind einfach nicht veränderbar. Anstatt diese zu akzeptieren und nur das zu ändern, was in unseren Händen liegt, artet unser Leben manchmal in einen regelrechten Kampf aus. Und all das nur, weil wir nicht loslassen und akzeptieren wollen.

Du weißt, du wirst deinen Körper verlassen. Macht es Sinn, verzweifelt daran festzuhalten, oder ist es nicht schlauer, das Beste aus deiner Zeit zu machen?

Und genauso ist es, wenn Angehörige gehen. Es ist normal, dass sich Trauer breitmacht und wir durch den Verlust leiden. Und doch müssen wir loslassen und uns dem Fluss des Lebens hingeben.

Alles fließt in deinem Leben, wenn du es erlaubst. Erst wenn du versuchst, dagegen anzukämpfen, wird es schwierig und mühsam.

Aus der Angst heraus halten wir fest. Wir halten am Leben fest und vergessen es dabei. Und dabei wird die Angst vor dem Tod zur Angst vor dem Leben. Denn es ist das Leben, das den Tod mit sich bringt. Erst wenn du lebst, kannst du sterben.

Es gibt Menschen, die sich lieber einfrieren lassen würden, damit immer alles gleich bleiben kann, anstatt mit dem Leben zu fließen, es natürlich geschehen zu lassen. So, wie wir geschaffen wurden. So, wie wir sein sollten.

Festhalten hält vom Leben ab. Angst hält generell vom Leben ab. Die Ironie dabei ist, dass diejenigen, die am meisten am Leben festhalten, nicht fähig sind zu leben. Sie sehen das Leben einfach nicht, weil das Festhalten die Sicht benebelt.

> Was ist, wenn der Tod gar nicht unser Feind ist?
>
> Was ist, wenn die ganze Existenz eins ist?
>
> Was ist, wenn der Tod nur eine Art von Ausruhen ist, bevor es wieder weitergeht?
>
> Was ist, wenn du im Tod nach Hause gehst?

Es ist das Leben, das den Tod mit sich bringt. Vielleicht ist das Leben der Tag und der Tod die Nacht. Ohne die Nacht kann der Tag nicht existieren. Ohne die Nacht sind wir nicht für den Tag vorbereitet.

Ist es nicht nur unsere Definition von Tod, die uns Angst macht?

Es ist vollkommen egal, um welche Angst es sich auch handeln mag: Das Leben beginnt erst nach der Angst.

Wenn du nur noch ein Jahr zu leben hättest, würdest du dich dann für Angst entscheiden? Würdest du shoppen gehen? Würdest du dich mit deinem Partner streiten? Würdest du versuchen, alles so akkurat wie möglich auszuführen?

Bestimmt würdest du auch Dinge erledigen, die erledigt werden müssen, aber du würdest dich nicht nur mit Situationen und Emotionen aufhalten, die dich runterziehen und dir Energie rauben. Du würdest dein letztes Jahr viel schöner verbringen und einfach nur leben wollen?

Würdest du Dinge tun, die du schon immer machen wolltest?

Würdest du Unsicherheiten ablegen und das machen, was dein Herz will?

Würdest du dich für Freiheit oder Begrenzung entscheiden?

Angst lebt in der Zukunft

Immer mehr Menschen suchen nach mehr als das, was sie aktuell haben. Sie spüren eine innere Leere und wollen diese füllen. Manche versuchen es mit Konsum, andere wiederum mit Yoga, Meditationen, Chi Gong und andere Dinge, die unseren Bewusstseinszustand beeinflussen können.

Der Bewusstseinszustand kann auch eine Art von Flow sein. Wenn du dich beispielsweise in der Musik verlierst und die ganze Nacht durchtanzt oder bei einem Date Feuer und Flamme bist und alles um dich herum vergisst.

Andere nehmen Drogen oder Medikamente, um ihren Bewusstseinszustand zu ändern, sich besser zu fühlen.

Erreichen können wir diesen Zustand durch Psychologie, Pharmakologie, Technologie und Neurobiologie. Alle Beispiele haben einem Effekt auf unsere Gehirnströme und lassen uns »besser« fühlen. Heutzutage ist es sehr populär, andere Bewusstseinszustände zu erkunden und zu experimentieren.

Wir haben alles: Ein fettes Auto, eine schöne Wohnung, eine gute Bildung, einen tollen Partner. Trotzdem stellen sich immer mehr Menschen die Frage: »Ist das alles?«

Also fangen wir an, nach Erfahrungen zu suchen, die unseren Bewusstseinszustand verändern. Das Paradoxe daran ist nur, dass dich diese Bewusstseinszustände nirgendwo anders hinbringen als in den gegenwärtigen Moment.

Wir flüchten also aus dem gegenwärtigen Moment, um im gegenwärtigen Moment anzukommen. Ist das nicht paradox? Vielleicht versuchen wir, aus dem gegenwärtigen Moment auch einfach nur zu flüchten, um jemand anderes irgendwo anders zu sein. Wir wollen eine Abkürzung nehmen, um einen Zustand von Gesundheit, Glück, Hoffnung, Leichtigkeit, Fülle und Akzeptanz zu erreichen. Wir wollen schneller in einem Gefühl der Liebe ankommen. »In der Zukunft wird alles besser sein, nur nicht jetzt genau in diesem Moment.« Dieser Wunsch, in der Zukunft zu sein, raubt uns die Fähigkeit, uns selbst zu lieben und Glück zu erschaffen. Denn nie ist der Moment so, wie er sein sollte.

In der Zukunft zu leben kreiert drei Gefühle.

Das erste ist die Angst. Wir erschaffen in unserem Kopf ein Bild davon, wie unsere Zukunft aussehen könnte. Sie könnte positiv oder negativ sein. Und beide Optionen können uns einsperren und uns sehr begrenzen.

Je mehr wir uns etwas wünschen, desto mehr Angst haben wir, dass wir es nicht bekommen.

Manche kreieren Träume und andere Ängste. Stell dir mal vor, du bist krank und hast dann plötzlich Angst davor, nie wieder gesund zu werden. Die meisten Ängste leben nirgendwo anders als in der Idee, wie die Zukunft aussehen könnte.

Das zweite Gefühl ist die Abwesenheit. Wenn wir uns gern anders fühlen würden und gern woanders wären, dann kreieren wir ein Gefühl von Abwesenheit. Etwas fehlt, wir sind hungrig nach etwas, das nicht da ist.

Wir sind konditioniert zu glauben, dass etwas Besseres in der Zukunft passiert. Dass wir noch warten müssen. Das nichts perfekt ist, so, wie es ist.

Es gibt auch Menschen, die täglich meditieren und das Gefühl immer verspüren. Nie ist es gut, so, wie es ist. Aber was genau fehlt? Jede spirituelle Praxis ist ein zweischneidiges Schwert, das uns sagt, dass wir etwas tun müssen, um in einen Zustand zu kommen, in dem wir uns besser fühlen. Nie ist die Heilung erreicht, da es ja noch so viel zu tun gibt, und jede Methode zeigt dir dann noch andere Wunden auf, die geheilt werden sollen.

Das dritte Gefühl, das wir erschaffen, ist die Ablehnung. Wenn du glaubst, dass die Zukunft rosiger sein wird, so gestaltest du dir eine schmerzhafte Gegenwart.

Irgendwo habe ich mal gehört, dass der Teil von uns, der der suchende ist, der Teil ist, der verletzt ist.

Ist es dann nicht wahrscheinlich, dass wir nicht den gegenwärtigen Moment ablehnen, sondern uns selbst? Und könnte nicht die Ablehnung das eigene Unglück, Krankheit und Depression erst kreieren?

Viele Schmerzen und Krankheiten können sich von dem einen auf den anderen Augenblick einfach auflösen. Ich habe schon die Erfahrung gemacht, dass monatelange oder auch jahrelange Schmerzen verschwunden sind, als ich mich so akzeptiert habe, wie ich war. Es war keine Krankheit, die geheilt werden musste. Sondern meine Geisteshaltung. Die Art und Weise, wie ich über mich selbst dachte.

Wenn du glaubst, dass etwas mit dir nicht stimmt, dann wird dir auch nichts und niemand helfen können. Den Wunsch nach Heilung loszulassen, ist das Wichtigste, was du für dich tun kannst. Denn in dem Moment akzeptierst du dich so, wie du bist. Bedingungslos.

Es gibt keine Erfahrung – intern oder extern –, die nicht von dir kommt. Und du solltest niemals etwas ablehnen, das deins ist.

Da kommt die Magie wieder ins Spiel, die Macht über das eigene Leben. Dafür dürfen wir aber die Teile in uns nicht ablehnen, die wehtun. Wir müssen sie akzeptieren. Genau hier und jetzt.

Wenn du etwas nicht akzeptierst, dann blockierst du die Heilung und den Flow, den du erfahren könntest.

Der beste Bewusstseinszustand ist ganz offensichtlich nicht in der Zukunft, auch nicht in Ekstase. Es ist der bewusste Zustand im Hier und Jetzt. Wenn du alles so wahrnimmst, wie es ist, ohne zu urteilen. Und ohne dir etwas anderes oder Besseres zu wünschen. Sondern einfach in voller Akzeptanz da zu sein. So, wie du bist, und so, wie es ist.

Und dieser Zustand ist nicht irgendwo, wo wir erst hinmüssen. Sondern ein Zustand, in dem wir bleiben und verweilen.

> Lasse die Erwartungen los, dass etwas Bestimmtes passiert, dass du jemand Besonderen triffst, dass dich jemand heilt, dass dir jemand hilft und dich dahin bringt, wo du sein möchtest.
> Erlaube dem gegenwärtigen Moment, durch dich hindurchzufließen und dir noch bessere Möglichkeiten zu bringen. Erlaube dir, dich selbst zu heilen. Erlaube dir, schon geheilt zu sein.

Und wenn du in die Zukunft abdriftest, frage dich, was du versuchst zu vermeiden. Wie kannst du den Moment besonders machen? Auch wenn du gerade irgendwo bist, wo du nicht sein möchtest, fang an zu schreiben, zu malen, zu basteln. Mach etwas Besonders daraus, und drifte nicht ab.

Wenn du dich ablehnst, dann frage dich: Was ist, wenn ich nie »mehr« sein werde? Nie gesünder, reicher, schöner, klüger, als ich es genau jetzt bin? Kannst du dich so akzeptieren? Selbst mit einer Krankheit, mit einer Schwäche?

Wenn du in deine Zukunft investieren willst, dann musst du ins Hier und Jetzt investieren. Wer auch immer du entscheidest, jetzt zu sein, kreiert dein Zukunfts-Ich. Sei also jetzt schon, wer du sein willst.

Denn die Zukunft ist jetzt. Die Liebe ist im Hier und Jetzt.

Falle nicht auf den Kreislauf rein, der dir immer wieder etwas zeigt, das geheilt werden soll. Denn so wirst du nie da sein, wo du sein willst. Du wirst immer Heilung – Verbesserung, Optimierung – hinterherjagen und sie nie erreichen.

> Heilung ist erst erreicht, wenn du dich dazu entschieden hast, dich so zu akzeptieren, wie du bist.

Der Übergang von Angst zu Liebe

Während deiner Transformationen wirst du dich vielleicht so fühlen, als ob alles auseinanderbricht. In Wahrheit setzt sich aber alles richtig zusammen. Zu deinem höchsten Gut. Du veränderst dich und somit auch dein Leben. Du wirst gepusht, um dich zu entwickeln und deine Komfortzone zu verlassen.

Denn nur so kannst du wirklich leben und deine wahre Natur und Großartigkeit erleben. Lass die Angst nicht über dich regieren, entscheide dich dagegen!

Erlaube die Veränderung

Wenn es in deinem Leben nicht mehr so weitergehen kann, stehst du kurz vor deinem persönlichen Durchbruch. Denn kurz vor dem Durchbruch ist es am schwierigsten …

Bevor sich die Dinge verändern, sind sie immer am schlimmsten und am intensivsten. Das liegt auch daran, dass wir es so weit haben kommen lassen. Die meisten von uns ticken einfach so: Erst wenn wir so nicht mehr weiterleben können und wollen – das Fass regelrecht am Überlaufen ist – dann entscheiden wir uns für die Veränderung.

Ein paar eindeutige Anzeichen zeigen dir und lassen dich spüren, dass du kurz vor einem Durchbruch stehst:

Du hast einfach genug
Genug von deinen finanziellen Problemen, genug von deiner uninspirierten Karriere, genug von den zusätzlichen 20 Kilo, genug von deinen privaten Problemen.

Es ist egal, um welchen Lebensbereich es sich handelt, manchmal ertragen wir einfach zu viel und sind nicht gut zu uns selbst. Wir machen weiter und weiter, bis wir krank werden oder morgens nicht mehr aufstehen wollen. Wenn du spürst, dass es so nicht mehr weitergehen kann, dann stehst du gleichzeitig vor deiner größten Veränderung.

Ich war vor all meinen größten Veränderungen krank. Damit meine ich keine Grippe oder etwas anderes Kurzweiliges, sondern Krankheiten, die länger anhielten. Es war der Fall, bevor ich mein Studium schmiss und mich dazu entschied, digitale Nomadin zu werden. Es war der Fall, als ich mich in einer längeren respektlosen Beziehung befand. Aber auch als es finanziell bergab ging, entschied ich plötzlich, etwas radikal zu verändern. Denn ich glaube an Fülle auf allen Ebenen.

Du bist nur noch unzufrieden

Was auch immer du tust, es funktioniert einfach nicht mehr. Du hast den Spaß verloren, an dem, was du tust. Du hast keine Energie mehr für die Dinge die du gern erreichen oder machen würdest. Du fühlst dich irgendwie ausgelaugt und leer.

Dein aktueller Ansatz war in der Vergangenheit möglicherweise erfolgreich, hat sich jedoch nicht an deine aktuellen Bedingungen angepasst. Wir alle verändern uns stetig und sollten wachsen. Nicht umsonst gibt es die Evolution. Deshalb ist es nur logisch, dass manche Dinge nach Jahren nicht mehr so funktionieren, wie sie es vorher taten. Du bist gewachsen. Du hast dich verändert. Deshalb muss sich auch dein Ansatz ändern.

Du hast deine Grenze erreicht

Veränderung wird zu einem »Muss«. Wenn du vor dem Bankrott stehst oder eine ernsthafte gesundheitliche Herausforderung vor dir hast, dann musst du schnell umdenken und anders handeln.

Als ich über ein Jahr lang mit Parasiten zu kämpfen hatte, mein Körper sich immer mehr veränderte, ich emotional nicht mehr konnte und immer schwächer wurde, habe ich meine Grenze ganz weit überschritten und musste schnell handeln. Es gab einfach keine Entschuldigungen mehr für mein verantwortungsloses Verhalten.

Schau dir Menschen an, die wie verrückt arbeiten, sehr ungesund leben und plötzlich einen Herzinfarkt erleiden. Die Grenzen wurden schon vorher aufgezeigt, denn der Körper meldet sich früh genug. Jedoch werden die Signale oftmals ignoriert und der Statur quo beibehalten.

Einblick in ein anderes Leben

Viele Menschen, die ihre Grenze erreicht haben, verändern ihr Leben plötzlich radikal. Manche fangen an, gesund zu leben, treiben täglich Sport, beenden eine ungesunde Beziehung, machen sich selbstständig, glauben an eine höhere Macht.

Vielleicht erhältst du eine Einsicht oder tiefes Verständnis von etwas Wundervollem, und das schafft eine Öffnung. Du öffnest dich für etwas Höheres und gibst den Kampf auf. Denn das Leben sollte eher getanzt statt gekämpft werden.

All diese kritischen Aspekte werden sich aber nicht selbst lösen. Du musst dafür aktiv werden und Entscheidungen treffen. Entscheidungen, die schon längst überfällig sind.

> Das Leben beginnt dort, wo die Angst endet.

Teil 2
Liebe

Intro – Liebe befreit

Wenn du den Schmerz hinter dir gelassen hast und erkennen konntest, dass du der Schmerz und die Gedanken nicht bist, öffnen sich ganz neue Türen für dich. Du weißt, dass Ängste nur Gefühle sind und nicht über dich regieren sollten. Nun bist du bereit, in den Bereich der Liebe und des Vertrauens tiefer einzutauchen.

Es geht um dein Herz und die Dinge, die auf der anderen Seite der Angst liegen. Du öffnest dich für das Leben und die Möglichkeiten.

Wenn du aus dem Gefühl der Liebe heraus handelst, wirst du wieder lebendig.

Du lebst dein Lebenspotenzial und kannst es spüren.

Du gehst nicht mehr arbeiten, weil du es musst, sondern weil du es willst.

Du bist nicht in einer Beziehung, weil du einfach an deinen Partner gewöhnt bist, sondern weil du deinen Partner liebst.

Du triffst Entscheidungen, die gut für dich sind und sich stimmig anfühlen.

Du liebst dich selbst, ohne Wenn und Aber.

> Entscheidest du dich dazu, voll und ganz zu leben? Mit ganzem Herzen oder nur halbwegs und halbherzig?

Change your energy

Das mit Abstand Wichtigste, das ich in den letzten Jahren gelernt habe, ist, dass wir jederzeit unsere Energie verändern können. Und deine Energie bestimmt über sehr viele Dinge in deinem Leben. Welche Menschen und Situationen du anziehst und auch wie du dich emotional und in deinem Körper fühlst. Hier möchte ich aber etwas mehr auf die körperliche Ebene eingehen, da du so am schnellsten deine Energie verändern kannst.

Liebe deinen Körper

In den letzten Jahren habe ich ein paar Wege gefunden, die mir einen besseren Umgang mit mir selbst erlauben. Denn ganz oft müssen wir nur ein paar Dinge in unserem Leben ändern, damit das Gefühl von Angst weniger präsent ist und mehr Raum für andere Gefühle erlaubt und somit auch mehr Liebe in unser Leben treten kann. Mir ist aufgefallen, dass Angst eine sehr niedrige Energie hat und viele von uns täglich Dinge tun, die dies begünstigen. Liebe hat wiederum eine hohe Energie. Es macht also Sinn, seine eigene Energie zu erhöhen und dann zu spüren, was passiert.

Das tollste Mindset wird dir nichts bringen, wenn dein Körper nicht gesund ist und du ihn vernachlässigst. Wenn dein Körper nämlich nicht im Gleichgewicht ist, kann dein Geist es auch nicht sein.

Ich war zwei Jahre lang sehr krank und habe am eigenen Leib erfahren müssen, wie viel schwerer es ist, den Kopf klar zu halten, wenn der Rest des Körpers nicht in Balance ist.

Wenn wir unseren Körper vernachlässigen, praktizieren wir keine Selbstliebe. Unser Körper bringt uns durch dieses Leben. Unser Körper ist ein Geschenk, und wir müssen ihn pflegen, denn wir haben nur diesen einen und keinen zweiten parat, auf den wir zugreifen können, wenn wir diesen zerstört haben. Dein Körper sollte dir heilig sein und nur das Beste von dir bekommen.

»Your energy introduces you, before you even speak.«
Unbekannt

Als ich vor Jahren anfing, mich mit dem Mindset zu beschäftigen, vergaß ich eine sehr wichtige Sache dabei: meinen Körper.

Ich las viel, ging zu Workshops und Seminaren, die meinen Verstand und mein Gefühl ansprachen. Und all das war auch sehr hilfreich und hat mich wachsen lassen. Doch wurde mir klar, wie wichtig der richtige Umgang mit unserem Körper ist. Wir können noch so viel lesen und uns bilden, wenn wir unseren Körper aber nicht richtig nutzen, pflegen und mit den richtigen Nährstoffen auffüllen, wird auch das beste Mindset nichts bringen, denn ein gesunder Geist wohnt in einem gesunden Körper.

Es geht mir um die Themen Körper und Energie. Jeder mag das Wort Energie anders interpretieren. Für den einen bedeutet es, einen Marathon laufen zu können, und für den anderen mag es die Schwingung oder der Vibe sein. Für mich ist es beides.

Wenn ich einen guten Vibe habe, ziehe ich die richtigen Menschen an, bin erfüllt und habe viel Energie, was dazu führt, dass ich mehr machen kann und mich dabei gut fühle.

Wenn du dein Leben nachhaltig ändern möchtest, ungesunde Verhaltensmuster und Blockaden lösen willst, wirst du um deine Physiologie nicht herumkommen. Die besten Ergebnisse wirst du erzielen, wenn du emotional und physisch stark bist. Wenn du siehst, dass Körper und Geist Hand in Hand gehen müssen. Genau dann wirst du grenzenlos stark, kannst Unmögliches erreichen und fühlst dich in deiner vollen Kraft.

Lebe gesund – dein Körper wird es dir danken

In den letzten Jahren hat sich mein Lebensstil sehr verändert. Früher habe ich ziemlich unbewusst gelebt, gern Alkohol getrunken, bei Fast-Food-Ketten gegessen, mich wenig bewegt und Süßigkeiten nur so in mich hineingestopft. Als ich anfing, Yoga zu machen, hat sich einiges für mich verändert. Ich lebe gesund. Meistens jedenfalls. Ab und zu vernachlässige ich diese Überzeugung und bekomme es dann auch direkt zu spüren.

Dadurch, dass ich vorletztes Jahr etwas länger krank war, musste ich noch mehr auf meine Ernährung achten. Ich habe in einem Jahr nur zweimal Alkohol getrunken: an Silvester und auf der Hochzeit meiner Cousine. Und mir hat nichts gefehlt.

Stell dir mal vor, du lernst, machst mental viel für dich oder treibst auch Sport, kippst aber Cola oder Energydrinks in dich hinein. Du möchtest Hochleistungen erbringen, dich fit und gesund fühlen? Dann musst du auch darauf achten, was du konsumierst. Wie kannst du klar im Kopf sein und dir einen gesunden Körper wünschen, wenn du dich täglich mit Chemikalien auftankst?

Ich habe früher so unglaublich schlecht gegessen: Fast Food, Toast, Nudeln mit Tomatensoße, Schokolade und Weingummis waren die Dinge, die mich täglich nährten. Dazu habe ich auch gern Cola getrunken und bei Müdigkeit Energydrinks. Wenn ich jetzt nur daran denke, wird mir bereits schlecht.

Natürlich esse ich ab und zu Schokolade oder gönne mir andere Süßigkeiten. Ich bin bei all meinen Richtlinien nicht dogmatisch, denn es sind meine eigenen Entscheidungen, und ich möchte mir auch genug Freiheit und Spaß bewahren. Ich höre einfach auf meinen Körper und weiß, was mir guttut und was nicht.

Ich glaube auch tatsächlich daran, dass unsere Nahrung unsere Medizin sein sollte und keine Pillen. Die Natur hat uns alles gegeben, was wir brauchen, nur haben viele von uns verlernt, mit der Natur verbunden zu sein. Dadurch geht uns auch die Verbindung zu uns selbst verloren. Wir sind Teil der Natur, und wenn wir nicht mit ihr leben, leben wir gegen uns selbst.

Es gibt ein paar Punkte, die einen großen Unterschied machen.

Vegane oder vegetarische Ernährung

Wie wir uns ernähren, macht sehr viel aus. Esse ich viele Süßigkeiten, bin ich am nächsten Tag nicht fit. Achte ich darauf, was ich esse, fühle ich mich körperlich besser und mental klarer.

Auch konsumiere ich seit ein paar Jahren kein Fleisch mehr. Es kommt ab und zu vor, dass ich Fisch und Käse esse. Aus diesem Grund kann ich mich keine Vegetarierin nennen. Trotzdem kann ich sagen, dass ich mich, wenn ich mich vegan ernähre (was meistens der Fall ist), so unfassbar viel besser fühle.

Letzte Woche bin ich ins Kino gegangen und habe ein halbes Kilo Gouda und ein Baguette hineingeschmuggelt. Es war super, doch ging es mir an dem Abend und am nächsten Tag wirklich schlecht.

Für alle, die bislang normal aßen, könnte eine komplett vegetarische oder vegane Ernährung eine Herausforderung sein. Jedoch gibt es immer mehr vegane und vegetarische Kochbücher und auch Lokale, die einem die Umstellung erleichtern.

Natürlich bedeutet »vegan« nicht automatisch, dass man sich gesund ernährt. Wer plötzlich nur noch Getreide zu sich nimmt, wird sich bestimmt nicht fitter fühlen. Auch hierbei gilt es, sich zu informieren, was der Körper braucht und mit welchen Lebensmitteln man den Bedarf an Nährstoffen decken kann. Ich bin keine Ernährungsexpertin, sondern berichte nur von meinen eigenen Erfahrungen.

Der Körper braucht ausreichend Flüssigkeit

Es gibt Tage, an denen ich vergesse, ausreichend zu trinken. Ich fühle mich dann schlapp und müde. Manchmal kriege ich auch Kopfschmerzen, die aber sofort verschwinden, sobald ich ausreichend Wasser zu mir genommen habe.

Der menschliche Körper besteht zu 60 bis 70 Prozent aus Flüssigkeit. Neben Sauerstoff ist Wasser der zweitwichtigste Stoff, den wir zum Leben benötigen.

Die meisten von uns nehmen täglich viele Schadstoffe auf, die der Körper ausspülen muss. Und das geht nur, wenn man sich mit ausreichend Flüssigkeit versorgt.

Bestenfalls trinkt man gutes Wasser mit einem hohen pH-Wert (basisches Wasser). Vier Liter Cola oder Kaffee werden keine Vorteile mit sich bringen.

Nicht nur Wasser versorgt den Körper mit ausreichend Flüssigkeit, sondern auch wasserhaltige Lebensmittel wie Obst und Gemüse. Diese Lebensmittel alkalisieren den Körper. Lebensmittel mit sehr wenig Wassergehalt (konzentrierte Lebensmittel) sind beispielsweise Fleisch, Brot oder Pasta.

Cheating Days

Alles führt auf eine gesunde Routine zurück. Doch gibt es bei mir auch »cheating days«, wie beispielsweise der Abend, an dem ich zu viel Gouda gegessen habe. Und ab und zu ist es einfach schön, sich einen Film anzuschauen und dabei etwas Ungesundes zu essen. Leg ich mich aber jeden Abend ins Bett, schaue mir einen Film an und futtere dabei Mist, kann ich die Tage an einer Hand abzählen, bis ich mich körperlich und mental bescheiden fühle. Ich werde faul und viel zu bequem. Und ich gehöre eindeutig zu den Menschen, die sich regelmäßig pushen müssen.

Gesund leben, ohne dabei zu fanatisch zu sein, das ist mein Motto.

Und wenn du dir alle Punkte anschaust, wirst du sehen, dass alles auf das Thema Selbstliebe zurückführt. Denn wenn du gut mit dir umgehst, dann kümmerst du dich um deinen Körper und dein emotionales Wohlergehen.

Reset

Ich weiß, dass viele Wissenschaftler und Ärzte der Meinung sind, dass wir kein Detox brauchen, da unser Körper von allein in der Lage ist, sich zu entgiften. Wir sind täglich aber so vielen Schadstoffen ausgesetzt, dass der Körper meines Erachtens auch ab und zu Hilfe benötigt. Und du kannst noch so viel mental loslassen ... Der Prozess der Entgiftung ist nicht vollständig, wenn du es auf körperlicher Ebene nicht auch tust.

Heilfasten ist seit Jahrhunderten bekannt und wird gepredigt. Meiner Meinung nach nicht ohne Grund. Inzwischen spüre ich, wenn mein Körper fasten möchte. Ich fühle mich weniger fit als sonst, und meine Haut ist auch etwas schlechter. Mein Körper wünscht sich einfach eine Art »Reset«.

Natürlich brauchst du dafür einen starken Willen. Aber hierbei kann man auch klein anfangen. Ich verzichte manchmal für eine oder länger Woche auf Kaffee und jeglichen Zucker, das entgiftet den Körper auch schon.

Selbst wenn es mal emotionale Höhen und Tiefen gibt und ich das Erlebte verarbeiten muss, helfe ich meinem Körper etwas nach. Denn er leidet unter den unterschiedlichsten Emotionen auch und möchte unterstützt werden.

Was ich öfter mache, ist das sogenannte Intervallfasten. Ich esse nach 18:00 Uhr nichts mehr, und mein Frühstück nehme ich erst um 11:00 Uhr zu mir. Diese Art von Fasten ist viel einfacher als die ganz strikten Formen und lässt dem Körper auch ausreichend Zeit, um klarzukommen.

> Dein Körper ist dein Tempel und möchte gepflegt werden. Du möchtest ja auch nicht in einem verschmutzten Haus leben.

Weniger Stress und mehr Selbstliebe für deinen Körper

Jeder ist gestresst. Wenn du nicht gestresst bist, hast du »wahrscheinlich nichts zu tun«. In unserer Gesellschaft ist es normal geworden, Stress zu haben oder es so weit zu treiben, dass ein Burn-out oder Depressionen anstehen. Alles muss schneller gehen, die Resultate sollen sofort da sein, und funktionieren sollten wir bestenfalls auch rund um die Uhr.

Viele von uns leben ein schnelles Leben. Meistens fängt es schon früh nach dem Aufstehen an. Schnell duschen, essen – und ab zur Arbeit. Und so verläuft oft der ganze Tag. Dadurch fällt es vielen von uns immer schwerer, sich zu entspannen und zu erholen.

Und doch sollte Erholung etwas ganz Normales sein, was keinem Schwierigkeiten bereitet. Aber diejenigen, die konstant gestresst sind, gesundheitlich bedingt nicht abschalten können oder einfach Workaholics sind, können nicht so einfach runterfahren. Darunter leidet dann natürlich auch die Gesundheit.

Wenn ich gestresst bin, hilft mir immer Sport. Irgendwas, wobei ich ins Schwitzen komme. Dabei bin ich richtig im Körper und nicht auf meine Gedanken fokussiert. Mein Geist kommt zur Ruhe, und ich kann entspannen.

Ich achte darauf, dass ich abends nur wenig oder gar kein Social Media benutze, nicht direkt nach einem Film schlafen gehe oder noch arbeite.

Diejenigen, die konstant gestresst sind, gesundheitlich bedingt nicht abschalten können oder einfach Workaholics sind, tun sich sehr schwer mit dem Zur-Ruhe-Kommen.

Letztes und auch dieses Jahr habe ich mir viel Zeit genommen, um einfach nur zu entspannen. Ich habe mir auf Bali öfter mal Massagen gegönnt, habe viel geschlafen und alles einfach entschleunigt (nicht, dass ich sonst sehr schnell wäre :-)). Trotzdem bin ich manchmal gern noch langsamer. Entspannung wird mir immer wichtiger, da das Leben drumherum immer schneller wird.

Früher brauchte ich verdammt lang, um herunterzufahren und einfach mal nichts zu tun, und heute geht es ratzfatz. Natürlich entspannt jeder auf seine Weise, und es funktioniert bei jedem etwas anderes gut oder weniger gut.

Als Allererstes sollten wir uns unseren Lifestyle anschauen. Liegt es daran, dass wir nicht entspannen können? Jeder von uns ist mal gestresst, aber eine stressige oder negative Arbeitsatmosphäre, Stress zu Hause oder Geldprobleme können einen konstant verunsichern, unter Strom setzen und schädigen. Es ist verdammt schwer zu entspannen, wenn man die ganze Zeit Störfaktoren im Kopf hat, die für Unruhe sorgen – egal ob es dir bewusst ist, was dich stresst, oder nicht. Es müssen auch nicht immer äußerliche Einflüsse sein, die stressen. Es kann auch manchmal an unserer Persönlichkeit liegen. Ein Viertel unserer Gesellschaft gehört zu den Workaholics, und manche werden davon sogar krank, wenn sie versuchen, während ihres Urlaubs zu entspannen. Stress ist einfach zur Gewohnheit geworden.

Manche sind auch so sehr an den ständigen Adrenalinrausch gewöhnt, dass sie automatisch nach Jobs suchen, die viel Verantwortung, Druck und neue Herausforderungen mit sich bringen.

Viele dieser Betroffenen können sich nicht einfach eine Woche am Strand ausruhen. Sie brauchen physische oder mentale Stimulation, da sie nicht komplett herunterfahren können.

Jeder kann entspannen
Mach dir Gedanken über deine Stressfaktoren: Was stresst dich täglich? Falls du durch andere Menschen oder deine Umgebung – und nicht durch dein eigenes Verhalten – gestresst bist, solltest du dich von ihnen oder von dieser belastenden Umgebung distanzieren oder in dich mit den betreffenden Menschen in Ruhe darüber unterhalten und nach Lösungen suchen.

Gesundes Essen, ausreichend Schlaf und Sport sind sehr wichtig für unsere Gesundheit. Wenn auch nur eines davon in unserem Leben vernachlässigt wird, bekommen wir es zu spüren und sind auch weniger gut in der Lage, mit Stress umzugehen.

Auszeiten

Sich immer wieder eine Auszeit zu nehmen ist die beste Möglichkeit, einen Burn-out zu vermeiden. Manche von uns machen noch nicht mal eine Pause, wenn sie glauben, dass sie gerade eine machen. Wenn wir in unserer Auszeit E-Mails auf unseren Smartphones checken, sind wir gedanklich am Arbeiten und entspannen letztlich doch nicht.

Um wirklich runterzufahren, müssen wir uns damit anfreunden, tatsächlich »gar nichts« zu tun bzw. etwas zu machen, das uns entspannt: eine Tasse Tee trinken, einfach aus dem Fenster schauen oder sich in ein Café setzen.

In der Natur auftanken

Schalte dein Handy aus, und verzieh dich in die Natur. Genieße die Zeit, in der dich keiner erreichen kann, und lass deine Arbeit und deine Probleme in diesen Momenten hinter dir. Egal, ob es ein Spaziergang durch den Wald oder am Strand ist. In der Natur können viele am besten zur Ruhe kommen.

Bewegung

Viele Menschen können während einer Yogastunde entspannen. Vielleicht wirken aber auch eine Crossfit-Session, Schwimmen oder Laufen relaxend auf dich. Probiere aus, was für dich am besten funktioniert, und mach es regelmäßig.

Musik und Film

Einfach nur Musik zu hören und auf dem Bett zu liegen, ist manchmal wie ein Kurzurlaub. Genauso kann ein Film wirken. Einfach den Kopf abschalten und sich leichte Kost anschauen.

Natürlich kommt es hierbei auf deine Persönlichkeit an, ob das für dich funktioniert oder nicht (aber das ist ja bei jeder Technik der Fall).

Achtsamkeit

Achtsamkeit bedeutet, dem gegenwärtigen Moment Beachtung zu schenken und deine Umgebung bewusst wahrzunehmen. Oft ist es schwer zu entspannen, da unsere Gedanken schon wieder irgendwo anders sind.

Ganz egal, was für dich funktioniert – vergiss nie, dass es wichtiger ist, dein Leben zu leben und Platz für die schönen Dinge zu schaffen, als gestresst durch die dir geschenkte Zeit zu hetzen.

Eustress versus Distres

Es gibt natürlich verschiedene Formen von Stress. Es gibt Eustress und Distress, also positiven und negativen Stress. Bei positivem Stress kannst du dich anpassen und daran wachsen. Denn positiver Stress macht nicht krank, sondern bringt dich weiter – ohne schlechte Auswirkungen auf Körper und Geist. Dabei kommt häufig das allgemeine Anpassungsprinzip ins Spiel. Ich habe davon während meiner Yogalehrer-Ausbildung zum ersten Mal gehört und fand das Thema unheimlich interessant und auch sehr wichtig.

Wenn ich auf die letzten Jahre zurückblicke, wird mir ganz klar, dass ich öfter mit dem allgemeinen Anpassungsprinzip konfrontiert wurde. Jeder, der Wachstum hinter sich hat, kennt es. Es gibt dabei vier Phasen:

Die erste Phase – Alarm

Wenn eine neue Herausforderung auf einen zukommt, reagiert der Mensch mit einer Art Alarm. Die neue Situation oder Herausforderung ist ungewohnt und erschreckt Körper und Psyche. Du fühlst dich überfordert und neigst dazu, wegzurennen oder wütend zu werden.

Die zweite Phase – Widerstand

Es ist normal, dass der Körper und die Psyche etwas Zeit brauchen, um sich auf die Veränderungen und Herausforderungen einzustellen, und erst einmal Widerstand leisten. Es können dabei Müdigkeit, Kopfweh, Konzentrationsstörungen, Lern- und Denkblockaden entstehen. Zuversicht und Akzeptanz helfen, den Widerstand etwas zu dämpfen und die Zeit abzukürzen. Du kennst sicherlich auch Zeiten, in denen etwas Neues anstand, das dir erst mal Angst machte. Wenn dein Chef dir ein neues Projekt vorschlägt, mag dein erstes Gefühl vielleicht nicht so angenehm sein, trotzdem freust du dich vielleicht darüber. Wenn du dann loslegst, kann es sein, dass du Widerstand verspürst und merkst, dass es dir schwerfällt, dass du dich nicht konzentrieren kannst und es dich müde macht.

Auch Vorfreude auf etwas Tolles und Neues ist ein wunderbares Gefühl, manchmal ist es in der Realität aber doch nicht so wunderbar wie in deinen Vorstellungen. Auch dann kommt Widerstand auf, da alles neu und unsicher wirkt. Das kann zu Schwierigkeiten führen, muss aber nicht. Behalte immer im Hinterkopf, dass du etwas Neues begonnen hast, und bleibe gelassen.

Die dritte Phase – Anpassung

Du hast es geschafft, neue Fähigkeiten zu erlernen. Es fällt dir plötzlich leicht, das zu tun, was vorher eine Herausforderung für dich war. Du bist gewachsen und hast dich an die neuen Umstände angepasst.

Die vierte Phase – Überlastung

Diese Phase solltest du natürlich nach Kräften vermeiden. In der Überlastungsphase kommt es zu einem Zusammenbruch. Dann brauchst du ausreichend Ruhe, um dich wieder zu regenerieren.

Wenn du dich das nächste mal gestresst oder überfordert fühlst, mach dir Gedanken, ob du in der Alarmphase, Widerstandsphase oder in der Überlastungsphase bist. Wenn du zu lange in der Widerstandsphase bist und dich in Richtung Überlastung bewegst, achte darauf, dass du mehr Tiefenentspannung praktizierst, sodass es nicht zu einem Zusammenbruch oder Burn-out kommt.

Wie atmest du?

Die wichtigste Komponente für unsere Energie und Gesundheit ist Sauerstoff. Ohne Sauerstoff könnten wir nicht leben. Es füllt unsere Zellen auf und gibt uns Energie. Unser Körper besteht zu einem großen Teil aus Sauerstoff. Wenn wir berücksichtigen, dass auch Wasser zu 33 Prozent aus Sauerstoff besteht, kannst dir sicherlich vorstellen, wie wichtig er ist und was wir alles mit der richtigen Atmung anstellen können. Es ist klar, dass eine optimale Sauerstoffversorgung unserer Zellen durch Atmung, die richtige Ernährung, Flüssigkeitsaufnahme und Bewegung ein wichtiger Part ist, um gesund zu bleiben und viel Energie zu haben.

Leider atmen die meisten von uns sehr flach, was zu Krankheit und Energieverlust führen kann. Wir haben einfach verlernt, richtig tief in den Bauch zu atmen. Das können wir aber ganz schnell ändern. Falsches Atmen ist eine häufige Ursache für Erkrankungen. Richtig zu atmen sollte der wichtigste Ratschlag für ein gesünderes Leben sein. Es gibt kaum eine wirkungsvollere und simplere tägliche Praxis zur Steigerung des Wohlergehens und der Gesundheit als Atemarbeit.

Du hast die Wahl ...

... zwischen Reaktion und Überleben oder Fülle und Kreativität. Falls du mein letztes Buch »Grow, Flow, Let go: Wach auf, lass los und lebe deine Wahrheit« gelesen hast, dann weißt du sicherlich, dass ich eine Ausbildung im Bereich Breathwork (Rebirthing) gemacht habe. Rebirthing ist eine besondere Technik des zirkulären Atmens. Dabei wird ein- und ausgeatmet ohne Pausen, was dazu führen kann, dass alte, negative und krank machende Verhaltensmuster aufgelöst werden können.

Während dieser Zeit habe ich gelernt, was für einen großen Einfluss die richtige Atmung auf uns hat. Ich kann tatsächlich sagen, dass die richtige Atmung mein Leben verändert hat. Ich brauchte plötzlich weniger Schlaf, war klarer im Kopf, wurde viel sensibler und empfänglicher, meine Intuition war geschärft, und auch körperlich war ich zu viel mehr Leistung in der Lage. Meine ganze Energie hat sich verändert. Sie ist extrem angestiegen und hat mir eine komplett andere Welt gezeigt.

All das war im ersten Moment einfach nur fantastisch, aber für meinen Verstand zu realitätsfern. Das Ergebnis oder auch der Prozess muss aber nicht so intensiv ausfallen, wie ich es in meinem letzten Buch beschrieben habe. Es geht auch soft, einfach und integriert in das ganz normale Leben – ohne Nebenwirkungen.

Durch die richtige Atmung haben wir die Möglichkeit, auf die vordere Seite unseres Gehirns zuzugreifen. Die vordere Seite ist der sogenannte Evolved Part, der weiterentwickelte Teil unseres Gehirns. Dort geht es um das Jetzt und nicht um die Vergangenheit, es geht um das Lebendig-Sein. Meistens atmen wir aber so, dass wir die hintere Seite des Gehirns nutzen – die Atmung, die bei allen auf Autopilot läuft. Bei dieser Atmung geht es ums reine Überleben. Die vordere Seite des Gehirns lässt uns eine Wahl und hilft dabei, bewusst zu kreieren.

Wenn wir »auf Autopilot« atmen, die Atmung, die den hinteren Part des Gehirns stimuliert, dann leben wir nicht richtig, da wir einfach nur auf die gegebenen Erlebnisse reagieren, anstatt zu kreieren. Das Leben fühlt sich dann eher schwer an. Es beruht auf den Erlebnissen, die wir in der Vergangenheit gesammelt haben, auf den Programmen, die wir in uns tragen seit unserer Kindheit. Programme und Konditionierungen, die uns einschränken und uns manchmal sagen, dass wir nicht gut genug sind und nicht geliebt werden. »Ich kann nicht das haben, was ich haben möchte, Menschen werden mich verletzen, und das

Leben ist hart.« Das sind nur ein paar Beispiele von Glaubenssätzen, die viele von uns in sich tragen.

Durch zirkuläres Atmen können wir viele dieser alten Programme auflösen und anfangen, nach unseren eigenen Wünschen zu leben. Diese Prozesse gehen sehr tief und sollten von jemandem mit Erfahrung begleitet werden.

Aber nicht jede Atemtechnik muss so intensiv sein, einen Lehrer und auch Budget erfordern. Du kannst auch selbst lernen, besser zu atmen und deinen Körper mit ausreichend Sauerstoff aufzutanken.

Alltagstaugliche Atemübungen

Wenn du Yoga machst, bist du mit Pranayama schon vertraut und weißt, wie du auf einfache Art und Weise deine Zellen mit Sauerstoff füllst. Falls für dich dieses Thema ganz neu sein sollte, dann schau doch einfach mal bei Google oder Youtube nach Pranayama, Breathwork-Atemtherapie oder Atemübungen. Du wirst sehen, was dich persönlich anspricht und was eher nicht.

Die Vorteile täglicher Atemübungen sind enorm:

- Atemübungen helfen beim Entgiften des Körpers.
- Verspannungen können sich lösen.
- Du kannst entspannen und Angst reduzieren.
- Deine Intuition und Kreativität wird gesteigert.
- Die richtigen Atemübungen massieren deine Organe.
- Dein Immunsystem wird unterstützt.
- Deine Blutqualität kann sich verbessern.
- Dein Herz wird stärker, da es durch eine effizientere Lungenfunktion entlastet wird.

Versuche, deine Atmung jeden Tag für ein paar Minuten ganz bewusst zu beobachten. Atme so tief ein, wie du kannst. Gehe dabei langsam und bewusst vor. Halte den Atem für wenige Sekunden an. Atme danach komplett aus. Du kannst es dir einfach machen: fünf Sekunden einatmen, drei Sekunden halten und dann fünf Sekunden ausatmen.

Übe so lange, bis du eine Veränderung spürst. Du wirst dich entweder klarer fühlen, mehr Energie haben oder einen Stimmungswechsel wahrnehmen.

Change your habits – change your life

Das Logischste und gleichzeitig Schwierigste ist es, seine Gewohnheiten zu ändern. Es ist klar, dass sich nichts nachhaltig verändern kann, wenn wir nicht an unseren Gewohnheiten arbeiten oder bereit sind, diese anzugehen.

Du kennst es sicherlich: Du meldest dich im Fitnessstudio an, aber obwohl du stolz darauf bist, dass du nun Mitglied bist, bist du doch nicht konsequent genug, regelmäßig hinzugehen. Oder du hast dir vorgenommen, gesund zu essen, und nach ein paar Tagen schon aufgegeben, da die alten Essgewohnheiten einfach bequemer waren? Ich kenne all das nur zu gut. Früher habe ich mich oft in solchen Mustern wiedergefunden. Ich wusste damals aber auch nicht, was wirklich für mich gut ist und warum ich es tue.

> Du wirst dein Leben nicht verändern können, bis du etwas änderst, was du täglich tust!

Was willst du, und warum willst du es?

Mach dir darüber Gedanken, welche Gewohnheiten du gern ändern möchtest und warum?

Möchtest du gesünder leben, um mehr Energie zu haben? Willst du deine Leidenschaft finden und brauchst dafür Klarheit, was eventuell eine regelmäßige Meditationspraxis benötigt? Willst du dich selbstständig machen und solltest dafür weniger Zeit auf der Couch verbringen?

Teile dein Vorhaben mit jemandem, der dich versteht. Oder versuche bestenfalls, deine Gewohnheiten mit jemandem gemeinsam zu verändern und daran zu arbeiten. Es wird dir sehr dabei helfen, am Ball zu bleiben.

> Denk mal genau darüber nach:
> - Welche Gewohnheiten willst du ändern?
> - Warum willst du diese ändern?
> - Durch welche neue Gewohnheiten willst du die alten ersetzen?

Plane Zeit für dein Wohlergehen ein

Schaffe Raum für deine Selbstpflege! Sie hält dich gesund, glücklich und stressfrei. Aber plane sie wirklich ein, da du sie sonst ganz schnell vernachlässigst im alltäglichen Wahnsinn. Weißt du aber, dass du jeden Dienstag- und Donnerstagabend um 18.00 Uhr ins Yogastudio gehst oder Montag dein Saunatag ist, dann sind das fix eingeplante Tage für dein Wohlergehen, die du nicht vernachlässigen solltest. Es kann aber auch eine Meditation, ein Tee mit einem Freund oder ein entspannendes Bad sein. Selbst wenn es nur 20 Minuten sind, schaue, dass du Zeit nur für dich einplanst und dabei konsequent bleibst.

Dem Schweinehund den Kampf ansagen

Ich weiß, dass du deine Gewohnheiten ändern kannst, denn ich kann es auch. Ich bin nicht besonders sportlich, clever oder habe immer alles im Griff. Ich bin ein ganz normaler Mensch mit Stärken und Schwächen, wie die meisten von uns. Deshalb weiß ich aber auch, was es bedeutet, seine Gewohnheiten zu ändern und dabei konsequent zu sein. Und ich weiß genau, was du dafür brauchst.

Glaube an dich und dass du es kannst. Wenn du nämlich an dir zweifelst, wird dir auch nichts und niemand helfen können. Du musst davon überzeugt sein, dass du mächtig genug bist, über dein Leben zu entscheiden. Denn dann wirst du es auch können. Wer sonst sollte die Macht über dein Leben haben, wenn nicht du selbst?

Sei also stärker als die Stimme in deinem Kopf, die dir sagt, dass du es nicht kannst, nicht gut genug bist oder nicht die Stärke und den Mut besitzt. Denn das tust du! Du bist mächtig und kannst jederzeit dein Leben verändern. Du kannst dich regelmäßig bewegen, anstatt auf der Couch zu liegen. Du kannst dich gesund ernähren, anstatt irgendetwas in dich hineinzufuttern. Du kannst Nein zu ungesunden Freundschaften und Beziehungen sagen und neue erfüllende Beziehungen aufbauen. Du kannst auch Nein zu Anfragen sagen, wenn es nicht in deinen Zeitplan passt.

> Du kannst, was immer du glaubst zu können. Denn du kreierst deine eigene Realität.

Liebe und Disziplin

Ich glaube, dass ein gutes Leben mit Disziplin daherkommt. Wenn ich undiszipliniert bin, lasse ich mich gehen, ich werde bequem, ich bewege mich weniger, ernähre mich schlechter, achte weniger auf mein Umfeld. Sobald das beginnt, befinde ich mich in einer Abwärtsspirale und muss aufpassen, wann ich Stopp sage und wieder Disziplin in mein Leben einlade. Denn ich möchte mehr Liebe und weniger Angst in meinem Leben haben.

So gern ich durch das Leben fließe: Es funktioniert nur mit einer gesunden Routine. Ich kann morgens schon während der Meditation meinen Tag visualisieren und mich auf Gutes einstellen. Ich starte einfach völlig anders und bestimme mit, was für eine Laune ich habe.

10-Tages-Challenge

Du kannst dir deinen eigenen persönlichen Plan erstellen, der dir dabei hilft, deine neue tägliche Routine zu erschaffen – morgens, mittags, abends und zwischendurch. Was fällt dir ein? Was tut dir gut? Was kannst du/willst du durchziehen?
Beispiele:
Yoga – Tanzen – Breathwork – Gesund essen – Meditieren – Auf TV verzichten – In die Natur gehen – Zeit allein verbringen – Ausmisten – Journaling (tagebuchartiges Notieren von Gedanken) – Fasten – Etwas Neues ausprobieren – Kein Social Media nutzen – An Träumen arbeiten ...

Tag 1

_____

_____

_____

_____

Tag 2

_____

_____

_____

_____

Tag 3

_____

_____

_____

_____

Tag 4

_____

_____

_____

_____

Tag 5

_____

_____

_____

_____

Tag 6

_____

_____

_____

_____

Tag 7

_____

_____

_____

_____

Tag 8

_____

_____

_____

_____

Tag 9

_____

_____

_____

_____

Tag 10

_____

_____

_____

_____

Eine hilfreiche Morgenroutine

Eine Morgenroutine zu haben, kann deine eigene Superpower sein. Es ist unglaublich wichtig, gut und nach deinen Bedürfnissen in den Tag zu starten. Du kannst mit deiner Morgenroutine entscheiden, wie du dich fühlen möchtest, und es nicht dem Zufall überlassen. Ein Beispiel, wie ich es handhabe:

- Nach dem Aufwachen trinke ich 0,5 Liter Wasser.
- Danach springe ich unter die Dusche und beende meinen Duschgang mit kaltem Wasser.
- Ich mache Musik an und bewege meinen Körper so, wie ich es in dem Moment möchte.
- Ich setze mich hin und kombiniere eine Meditation mit Breathwork.
- Vor dem Frühstück trinke ich ein Glas warmes Wasser mit Zitrone, was alkalisierend wirkt.

Es gibt ab und zu Tage, an denen ich meine Morgenroutine vernachlässige. Vor allem dann, wenn ich unterwegs bin und die Unterkünfte oft wechsle. Bleibe ich aber länger an einem Ort, so spielt sich meine Morgenroutine ganz schnell wieder ein. Versuche, deine eigene Morgenroutine zu kreieren, die dir optimal in den Tag verhilft. Du kannst dir während deiner Morgenmeditation auch vorstellen und fühlen, wie dein Tag ablaufen soll. Du kannst dich auf einen wundervollen Tag vorbereiten.

Lerne dich kennen und lieben

Wer bist du, wenn die Stimmen von außen verstummen? Es ist so einfach, sich in den Stimmen, Meinungen und Idealen anderer zu verlieren. Jeder hat einen guten Ratschlag parat oder weiß angeblich, was gut für dich ist. Wird der Einfall von außen zu groß, dann weißt du ab einem Punkt gar nicht mehr, wer du bist.

Eine Freundin von mir, die momentan auf Bali lebt, hatte zwischenzeitlich das Gefühl, zurück nach Deutschland zu müssen, da alles andere wie ein Davonlaufen wirkte. So beurteilten es jedenfalls viele Außenstehende, die sich entschieden hatten, einen anderen Weg zu gehen. Dazu kamen dann noch gefühlt zehntausend Ratschläge von Freunden und Bekannten. Sie konnte ihr eigenes Bedürfnis von dem anderer nicht mehr unterscheiden und waren verwirrt – zu Recht.

Ich kenne es selbst nur allzu gut. Wenn ich mich mit vielen Menschen unterhalte und Ratschläge bekomme, wird es immer schwerer, die innere Stimme wahrzunehmen.

Das mit dem Davonlaufen mag auch in manchen Fällen stimmen, in anderen Fällen wiederum nicht. Nicht jeder, der sich auf eine Reise begibt, flieht vor seinen Problemen. Meine Freundin ist ein Freigeist und möchte sich gern für eine Weile treiben lassen. Daran ist nichts auszusetzen.

Wer bist du?

Als ich anfing, viel zu reisen, gab es ein paar Leute, die mir immer wieder weismachen wollten, dass ich einfach nur vor der Realität fliehen würde. Heute kann ich ganz klar sagen, dass das nie der Fall war. Ich wollte einfach nur frei leben und die Welt erkunden. Meine Seele schrie regelrecht danach. Das Reisen wurde mit der Zeit dann immer langsamer und der Wunsch nach einer Bleibe immer größer. Das war aber ein ganz natürlicher Prozess, der sich langsam entwickelte. Und jeder geht hier seinen eigenen Weg. Mehr dazu findest du in meinem Buch *Freiheit beginnt im Kopf.*

Aus einer anderen Perspektive betrachtet, kann es ein Davonlaufen sein, das einfach nötig ist, um mit gesunder Distanz auf das eigene Leben zu schauen und sich dadurch weiterentwickeln zu können.

Sich den Meinungen anderer zu beugen und externe Einflüsse über das eigene Innenleben und seine Bedürfnisse zu stellen, ist nicht richtig. Denn ab dem Punkt leidest du und bist nicht mehr glücklich. Du vernachlässigst dich selbst. Es gibt leider so viele Möglichkeiten, die innere Stimme und seine eigenen Werte zu ignorieren.

Sich in Beziehungen verlieren

Manche verstellen sich in Beziehungen und drücken ihre eigenen Bedürfnisse weg. Die Toleranzgrenze wächst, was nicht unbedingt etwas Schlechtes sein muss. Doch wenn man leidet und den Mund hält, nur um es dem Partner recht zu machen, geht die Toleranz deutlich zu weit. Denn du bleibst auf der Strecke, nur um deinem Partner zu gefallen.

Weiß dein Partner überhaupt, wer du in Wirklichkeit bist?

MANTRA

Ich verliere mich nicht in anderen, um Liebe in deren Herzen zu finden.
Ich entscheide mich für mich selbst, anstatt für mein Verlangen nach Akzeptanz.
Ich bin genug, und ich liebe mich.

Erkenne deine Grenzen

Gibt es Menschen, die deine Grenzen überschreiten? Dann sag es ihnen. Erkenne deine Grenzen, und lockere sie nicht, nur weil dir jemand sagt, dass du übertrieben reagierst.

Es sind deine persönlichen Grenzen und die Menschen, die diese nicht akzeptieren, haben auch nichts in deinem Leben zu suchen.

Es wird immer Leute geben, denen deine Grenzen egal sind. Das sind aber genau die Menschen, die dich krank und traurig machen. Sie lassen dich an deinen Werten und Idealen zweifeln.

Gleichzeitig fordern dich genau diese Menschen dazu heraus, dich mit dir selbst besser auseinanderzusetzen. Du lernst dich kennen und weißt mehr und mehr, was dir guttut und was nicht.

> Du allein entscheidest, wie weit andere bei dir gehen dürfen. Grenzen zu setzen, bedeutet, sich selbst zu lieben. Es gehört eine Portion Mut dazu, denn wir riskieren dabei, andere zu enttäuschen.

Lass dich nicht zu sehr beeinflussen

Es gibt Leute, die Meister der Manipulation und Beeinflussung sind. Beeinflussen sie dich positiv im Hinblick auf Wachstum, dann ist daran auch nichts auszusetzen. Passiert dies aber, damit sich die andere Person besser fühlt, und verspricht sie sich dadurch einen Vorteil, dann solltest du dich von dieser Person verabschieden. Ansonsten verlierst du dich Stück für Stück selbst – und auch deine Wahrheit.

Es gab schon Menschen, die mich haben schlecht fühlen lassen, nur damit sie sich besser fühlten. Es geht bei ihnen selten um dich, sondern fast ausschließlich nur um sie. Einen fairen Austausch gibt es in solchen Beziehungen und Freundschaften nicht.

Medien und unrealistische Ideale

Es sind aber nicht nur Freunde, Bekannte oder Familienmitglieder, die Einfluss auf uns haben. Auch die Medien spielen eine große Rolle. Sie zeigen uns, was wir essen, wie wir aussehen und was wir alles besitzen sollten. Filme führen uns vor, wie unsere Beziehungen auszusehen haben. Alles, was nicht nach diesen romantischen Vorstellungen verläuft, ist enttäuschend.

Manche Menschen führen monogame Beziehungen und andere polygame. Es gibt Patchworkfamilien und klassische Ehen. Nichts davon ist richtig oder falsch. Jeder muss für sich selbst entscheiden, wo die persönlichen Grenzen und Vorlieben liegen. Jeder bestimmt seine Regeln für sich. Nur ist es in einer Partnerschaft wichtig, dass beide Seiten dieselben Werte haben.

Es gibt kein Richtig und auch kein Falsch. Für jeden sind es andere Werte und Ideale, die wichtig sind. Und dabei zählt nur, nach innen zu horchen, um zu spüren, was sich stimmig anfühlt und was nicht.

> Wenn du dich selbst verlierst, verlierst du alles.

Was treibt dich an?

Wenn du dieses Buch liest, gehe ich davon aus, dass du gern an dir arbeitest oder etwas ändern möchtest. Du willst wahrscheinlich mehr als die meisten anderen. Und du weißt auch, dass es möglich ist.

Als ich mich vor Jahren dazu entschied, mein Leben zu verändern, war Australien meine größte Motivation. Ich wollte unbedingt viel Zeit dort verbringen können, ohne für jemanden arbeiten zu müssen. Damals hielt ich mich in Australien mit Promotionjobs, als Reinigungs- und Küchenkraft über Wasser.

Ich hatte ehrlich gesagt kein schlechtes Leben, doch wollte ich etwas machen, das mich erfüllte. Täglich die Sonne und das Meer zu sehen, reichte mir dann doch nicht aus.

Ich überlegte, mich selbstständig zu machen. Doch alle Ideen, die mir kamen, waren mit einem festen Wohnsitz verbunden. Und in Australien zu bleiben war wegen des Visums keine Option.

Ich stellte mir also vor, wie ich eines Tages in einem Café sitze und an meinem Laptop arbeite. Es fühlte sich gut an und schien die perfekte Lösung zu sein. Ich manifestierte das unbewusst zu diesem Zeitpunkt, und ungefähr zwei Jahre später wurde dies meine Realität.

Ich hatte damals einen starken Drang nach Freiheit. Ich wollte mich um keinen Preis der Gesellschaft anpassen und den Mainstream leben. Um genauer zu sein, war die Ortsunabhängigkeit damals der wichtigste Punkt für mich. Ich wusste, dass ich damit andere Entscheidungen treffen, nach meinen eigenen Rhythmus leben und auch Arbeiten nachgehen konnte, die mich erfüllten.

Ich musste nicht mehr früh aufstehen, schnell essen und dann für neun oder mehr Stunden arbeiten gehen.

Ich hatte die Möglichkeit auszuschlafen, danach ruhig und langsam in den Tag zu kommen, so, wie ich es mir wünschte – und danach erst musste ich mein Notebook aufklappen.

Eine Weile später trieb mich ein anderes Gefühl an. Ich lernte den Flowzustand kennen, in dem alles ganz natürlich und fließend passiert. Ich spürte meistens nur Liebe, Glück und Leichtigkeit. Dieser Zustand wurde dann zu meiner höchsten Priorität.

Es war dann nicht mehr das Berufliche, der Ort oder das Geld. Es war ein ganz besonderes Gefühl, das ich kennenlernen durfte und ab diesem Moment so oft wie nur möglich in mir begrüßen wollte.

Ich lernte, was dieses Gefühl in mir begünstigte und was es weiter von mir entfernte. Gesunde Routine wurde plötzlich sehr wichtig – und die richtigen Ziele und Visionen.

Ich lernte, dass mit jedem Entwicklungsschritt eine andere Angst darauf wartete, verabschiedet zu werden. Vielleicht nicht komplett verabschiedet, aber ein liebevolles »Hey, ich sehe, dass du da bist, und ich tue es trotzdem« sollte regieren.

> Jeden treibt etwas anderes an. Jeder hat andere Wünsche, Träume, Hoffnungen und auch Ängste.
> Was treibt dich an?
> Was möchtest du von diesem Leben?
> Wie möchtest du dich fühlen?
> Wo siehst du dich?

Was ist dein Katalysator?

Jeder hat in seinem Leben einen oder mehrere Katalysatoren. Was ich damit meine, ist etwas, das in dir die Veränderung in die richtige Richtung lenkt. Es ist etwas, das dich sehen und spüren lässt, was für dich demnächst ansteht und was du hinter dir lassen solltest. Es ist jemand oder etwas, das dich ganz extrem pusht und Veränderungen auslöst. Es kann ein Land sein. Eine bestimmte Erfahrung. Eine Person oder sogar ein Film oder Song. Bei jedem ganz individuell anders.

Bei mir ist es immer wieder Australien, was innerliche große Veränderungen in Gang setzt. Ich habe zu diesem Land eine unglaubliche Verbindung, die mich jedes mal im Flieger weinen lässt. Bei keinem anderen Land fange ich so laut an zu brüllen, wenn ich ankomme.

Was ich vor Jahren aber noch nicht wusste, ist, dass dieses Land jedes mal wie ein Katalysator auf mich wirkt. Als ich 2009 das erste Mal für ein Jahr hier war, veränderte sich meine Einstellung zum Leben sehr. Ich fing an, vieles zu hinterfragen und wollte in Deutschland nicht mehr so weitermachen wie bisher.

Als ich 2012 wieder auf den fünften Kontinent ankam, wurde auf beruflicher Ebene vieles hinterfragt. Ich machte mir Gedanken über meinen beruflichen Werdegang, der zu diesem Zeitpunkt laut anderer miserabel war.

Was aber wirklich dort begann, war eine regelrechte Transformation. Ich kehrte zurück nach Deutschland, saugte die richtigen Informationen auf, ließ mich inspirieren und fing schnell an zu handeln. Mir war schon Jahre zuvor klar, dass ich selbstständig arbeiten wollte, nur hatte ich nicht das Passende für mich finden können. Ein paar Monate später fing ich an zu bloggen, und das veränderte mein Leben.

Bei mir ist es Australien, bei vielen Freunden von mir Bali, das vieles innerlich aufrüttelt und in die richtige Richtung lenkt.

Eine gute Freundin von mir ist der Meinung, dass ich ihr Katalysator bin, da sie nach jedem Treffen ein Stückchen weiter zu sich selbst kommt. Ich kenne auch Menschen, die das schon bei mir ausgelöst haben.

Es ist gut, seinen eigenen Katalysator zu kennen und darauf zurückgreifen zu können, wenn es nötig ist (hört sich irgendwie blöd an, stimmt aber). Es macht das Leben einfacher, wenn du weißt, wo oder bei wem du in die richtige Richtung gepusht wirst. So können dich anstehenden Veränderungen nicht mehr so überraschen, die üblicherweise als Krisen oder Herausforderungen daherkommen.

Was oder wer ist dein Katalysator?

In welchen Momenten oder an welchen Orten wurde immer Veränderung für dich in Gang gesetzt?

Wie hast du davon profitiert?

Wahrnehmung und Verbindungen

Ich laufe durch Burleigh Heads, den Ort, an dem ich aktuell wohne, und sehe unendlich viele lachende, freundliche und strahlende Gesichter. Mich durchströmt ein Glücksgefühl nur bei dem Anblick dieser Menschen. Sie sind happy, ich bin happy. Alles scheint super zu sein.

Zwei Tage später gehe ich wieder hier spazieren und nehme so viele schlecht gelaunte Menschen wahr. Ich fühle mich von ihnen genervt und frage mich, warum sie so schlecht drauf sind. Das Wetter ist genauso gut wie vor zwei Tagen, und es ist auch keine Pest in Australien ausgebrochen.

Die Energie fließt, wo der Fokus hinweist

Was ist denn jetzt anders als vor zwei Tagen? Ich habe gut geschlafen, und es gab auch keine schlechten Neuigkeiten. Meine Wahrnehmung ist es, die sich verändert hat.

Meine Laune war an dem einen Tag super, und ich bin fast durch den Ort getanzt, und an dem anderen Tag bin ich nur schwer aus dem Bett gekommen und hatte keine Lust, andere Menschen zu sehen. Ich nahm einfach nur das wahr, was ich in diesem Augenblick wahrnehmen wollte.

> Wir entscheiden in jedem Moment, wohin unsere Energie fließen soll.

An einem anderen Nachmittag sitze ich in Byron Bay in einem Theater, in dem ein Workshop stattfindet. Vier sehr inspirierende Redner teilen ihre ganz privaten Geschichten zum Thema Liebe,

Gesundheit, Leidenschaft und Erfolg. Einer der Redner, ein bekannter Surf-Autor, beginnt seine Story mit folgendem Zitat: »Energy flows where your focus goes.« Unsere Energie fließt dahin, worauf wir unseren Fokus richten.

Tim Baker wollte vor ein paar Jahren mit seiner Familie sechs Monate lang mit einem Camper Australien bereisen und dabei die besten Surfspots erkunden. Zu dem Zeitpunkt hatte er noch einen Top-Job bei einem bekannten Surfmagazin, und seine Kinder waren schulpflichtig. Dennoch entschied er sich dazu, sich nicht auf die Schwierigkeiten zu fokussieren, sondern auf seinen Traum und die Möglichkeiten, die der Traum mit sich brachte. Wie es das Leben so will, wurde er für sein Vertrauen belohnt. Sein gesamtes Projekt wurde von einem Verlag und einem Camper-Vermieter unterstützt, der auch noch eine Tankkarte beisteuerte. Tim Baker wurde noch mit vielen Überraschungen überhäuft, mit denen er niemals gerechnet hätte. Denn sein Fokus war die ganze Zeit auf seinen Traum gerichtet gewesen und nicht auf die Schwierigkeiten.

So kann es in all unseren Lebensbereichen laufen.

Liegt unser Fokus auf unseren Problemen? Richten wir den Blick auf den Lebensbereich, der uns stresst, auf Menschen, die uns nerven? Wie fühlen wir uns dabei? Hilft es uns beim Vorankommen? Höchstwahrscheinlich nicht!

Wie wäre es, wenn wir unseren Fokus auf die schönen Dinge in unserem Leben verlagern? Was wäre, wenn wir vor allem die Dinge wahrnehmen könnten, die wirklich zählen, und auf diese Weise mehr solcher Momente in unser Leben ziehen könnten? Was hältst du davon, deinen Fokus mehr in Richtung Liebe zu richten?

Wer zu den Menschen gehört, die immer den Umständen die Schuld zuschieben, der gibt die eigene Verantwortung dafür ab. Die Menschen, die machen, was sie wollen, und dabei glücklich sind, glauben nicht an Umstände. Sie wachen morgens auf und richten ihren eigenen Fokus auf die wirklich wichtigen Dinge und gehen somit auch anders mit Herausforderungen um.

Natürlich gibt es auch Momente, die uns aus der Balance bringen und das Leben schwerer machen können. Aber auch da haben wir zwei Möglichkeiten: Entweder zerfließen wir in Selbstmitleid, oder wir suchen aktiv nach Lösungen.

Wenn wir unseren Fokus auf die schönen Dinge verlagern, verstärken sich diese und ziehen immer mehr davon an. Ganz genauso funktioniert es auch mit den negativen Dingen.

Als ich so krank war und mich ausschließlich darauf konzentriert habe, wurde nichts besser. Denn mein kompletter Fokus lag auf der Krankheit, die sich dadurch nur verstärkt hat und nicht gehen konnte.

Als ich mich aber dazu entschied, über schöne Dinge und neue Ziele nachzudenken, veränderte sich etwas in mir, und die Heilung wurde in Gang gesetzt.

> Wir entscheiden täglich, wohin unser Fokus wandert. Wir kreieren damit unsere Realität und somit unser Leben.

Die Verbindung zu anderen

Es gibt manchmal Tage, an denen ich Schwierigkeiten habe, morgens aus dem Bett zu kommen. Zum Glück passiert das nicht oft, wenn aber, dann so richtig. Ich bin in diesen Momenten schlapp und lustlos.

Ich kann mich noch genau erinnern, als ich mich letztes Jahr über mehrere Wochen lang so fühlte. Genauso sah ich auch aus, als ich in den Spiegel schaute. Ich war irgendwie leer, akzeptierte das Gefühl aber für diesen Moment. Denn wenn ich etwas gelernt habe, dann ist es, nicht nach einem anderen Gefühl zu streben und das vorhandene zu verurteilen, sondern das, was da ist, anzunehmen.

Da saß ich dann an der Gold Coast in einer Bücherei und wollte ein wenig schreiben, kreieren und träumen. Es ging aber nicht. Meine Energiequelle war dicht. Keine Muse, kein Tatendrang und kein Glitzer.

Am Abend fand in der Bücherei eine Veranstaltung statt, die ich unbedingt besuchen wollte. Es war eine Präsentation der australischen Autorin Nicole Gibson, die über ihr Buch *Love out loud* sprach. Als ich um 18:30 Uhr den Raum betrat, war ich müde und hatte eigentlich keine Lust darauf. Ich entschied mich aber dennoch dazu zu bleiben, da es erfahrungsgemäß in innerer Enttäuschung endete, mich nicht an meine eigenen Vorhaben gehalten zu haben.

Ich verkroch mich auf einen Sessel in der letzten Reihe, sodass mich keiner wahrnehmen konnte. Nach ein paar Minuten spürte ich aber eine innere Aufregung und wusste, dass mein Plan nicht aufgehen würde. Sofort zu Beginn sollten wir so viele Menschen wie möglich umarmen und uns vorstellen. Das tat ehrlich gesagt sehr gut, und ich genoss es. Ich mag Umarmungen. Ich finde es schön, den Menschen mir gegenüber wirklich zu spüren und wahrzunehmen.

Weiter ging es mit kleinen Gruppenübungen, in denen wir sehr persönliche Fragen über uns beantworteten und uns den anderen Gruppenmitgliedern wirklich öffnen sollten. Für viele war dies schon sehr unkomfortabel und herausfordernd.

Zum Schluss hin sollten wir uns einen Partner suchen und »eyegazen«. Im Prinzip starrst du jemandem minutenlang in die Augen. Klingt ein wenig verrückt und auch unangenehm. Denn du zeigst dich so, wie du wirklich bist. Manchmal hast du das Gefühl, dass du deine Seele offenbarst und auch durch die Person vor dir ein offenes Buch ist. Du verbindest dich wirklich mit deinem Gegenüber und offenbarst deine Seele. Die ersten Male kann sich diese Übung seltsam anfühlen, da wir in unserer Gesellschaft nicht mehr daran gewöhnt sind, uns so tief mit anderen zu verbinden.

Ich verließ die Veranstaltung mit drei neuen Freundinnen, mit denen ich in der kurzen Zeit sehr tiefgehende Gespräche geführt hatte. Ich war glücklich und zufrieden. Und auch meine Energie, die vorher fast nicht vorhanden gewesen war, war wieder da. Ich fühlte mich wieder anwesend. Mir hatte anscheinend eine wirkliche Verbindung zu anderen Menschen gefehlt.

Im Laufe der Zeit haben wir Menschen verlernt, echte Verbindungen aufzubauen. In früheren Zeiten saßen wir alle um ein Lagerfeuer herum und erzählten uns Geschichten. Danach gruppierten wir uns um Radios und lauschten, was es dort zu hören gab. Dann kam der Fernseher, der uns Unterhaltung brachte und noch weiter von wahren Verbindungen trennte. Und nun gibt es das Smartphone, wozu nichts wirklich gesagt werden muss. Jeder von uns kennt genug Smartphone-Zombies.

Wir haben uns ein Stück weit von unserer wahren Natur distanziert und fühlen uns manchmal allein. Viele von uns haben verlernt, wie man wahre Verbindungen aufbaut. Denn durch Social Media war es noch nie so einfach wie zuvor, sich mit der ganzen Welt zu unterhalten, jedoch fehlt es immer mehr Menschen an Substanz und Tiefe.

Es ist so wichtig eine tiefe und aufrichtige Verbindung zu anderen zu haben. Eine Verbindung, in der du du selbst sein kannst, alles erzählen kannst, was dir auf dem Herzen liegt – ohne dabei verurteilt zu werden.

Wie nimmst du dich wahr

Es ist Dienstagnacht, ich liege wach in meinem Bett, und meine Gedanken kreisen um das Thema Selbstwert. Plötzlich kann ich ganz klar sehen, dass die Situationen, in denen ich ab und zu unzufrieden bin oder die Leiden hervorrufen, immer wieder mit demselben Thema zusammenhängen: meinem Selbstwert.

Jeder von uns kennt Zweifel und Unsicherheiten. Es ist menschlich und gehört zu uns, mit unserem Selbstwert, mit der Liebe zu uns selbst zu hadern. Ich selbst muss immer mal wieder durch eine harte Schule gehen und lernen. Egal, ob beruflich, die Gesundheit oder Beziehungen betreffend. In allen Bereichen bin ich öfter auf die Schnauze gefallen oder konnte den Sinn hinter den Erfahrungen nicht direkt erkennen. Dabei handelte es sich immer wieder um das eine Thema.

Dein Selbstwert und Beziehungen

Bist du unglücklich in deiner Beziehung? Steckst du extrem zurück oder hast deine Wünsche, was eine erfüllte Beziehung betrifft, aufgegeben, weil du glaubst, dass es keinen passenden Partner für dich gibt?

Glaubst du im tiefsten Inneren, dass du es nicht verdient hast, erfüllt und glücklich in einer Beziehung zu sein? Glaubst, dass du dich mit weniger zufrieden geben musst, als du es haben könntest?

Ich glaube nicht, dass es perfekte Beziehungen gibt. Doch glaube ich daran, dass beide Seiten dieselben Werte teilen sollten und nicht einer oder beide auf seine Grundbedürfnisse und Werte verzichten sollte.

Ist dir beispielsweise körperliche Nähe wichtig und deinem Partner überhaupt nicht, wird es schwierig werden. Lebt der eine gern monogam, der andere aber nicht, wird die eine Seite definitiv verletzt werden und die andere Seite auf ihre Freiheit verzichten müssen oder unehrlich sein.

Es ist gut zu wissen, was dir in einer Beziehung wichtig ist, und dies auch offen und ehrlich zu kommunizieren.

> Du bist es wert, in einer erfüllten Beziehung zu leben.

Dein Selbstwert und die Berufung

Du siehst andere Menschen, wie sie Spaß an ihrem Job haben, sich einen Traum erfüllen und dafür belohnt werden. Gern würdest du auch sagen: »Yes, es ist Montag«, oder »Ich liebe meinen Job«, doch irgendwie ist das noch nicht der Fall. Du hast noch Angst, dass etwas schiefgehen könnte, das Risiko ist zu groß oder die Meinung anderer einfach zu wichtig.

Und schon wieder deutet alles auf das Eine hin: Du bist es dir nicht wert. Würdest du dir nämlich mehr Selbstwert geben, würdest du nach etwas streben, das dich erfüllt und sich nicht wie Arbeit anfühlt.

Dein Selbstwert und die Gesundheit

Du bist nicht zu 100 Prozent fit und fühlst, dass da irgendwas mit deinem Körper oder Geist nicht stimmt. Es ist aber noch nicht so schlimm, dass umgehende Aktion erforderlich ist. Also bleibt es erst mal so. Denn hey, es ist ja nur halb so wild und beeinträchtigt dich noch nicht zu sehr. Du lebst also weiter so und wartest, bis es eskaliert.

Ich kann auch hiervon ein Liedchen singen. Was mein Körper schon ab und zu durchmachen musste, bis ich gehandelt habe, ist echt krass.

Und auch hierbei habe ich mir selbst einfach einen zu geringen Selbstwert zugestanden, mich selbst nicht genug geliebt. Denn ich hätte sehr viel mit gesundem Essen und schnellerem Handeln lenken können. Einfach schon etwas eher den Arzt oder Heilpraktiker aufsuchen und mehr auf die Signale des Körpers hören.

> Wir alle sollten gesund, voller Energie und klar leben. Dazu bedarf es oftmals einiger Schritte in die richtige Richtung: Ernährungsumstellung, Arzt und/oder Therapeut, Yogastunden, Meditation, Sport, Naturheilkunde. Gehe es an!

Dein Selbstwert und Entscheidungen

Im Leben kommen wir nicht um Entscheidungen herum. Es beginnt schon morgens nach dem Aufstehen mit der Wahl des Frühstücks, eventueller Sportaktivitäten und dem Weg zur Arbeit. Über den ganzen Tag verteilt treffen wir zig Entscheidungen, die wir oft gar nicht bewusst wahrnehmen.

Erst wenn es um größere Dinge geht, kommen wir ins Grübeln. Oft wollen wir dann keine Entscheidungen treffen oder versuchen, diesen unbewusst aus dem Weg zu gehen. Doch wenn wir das tun, geben wir uns schon wieder zu wenig Wert. Treffen wir keine Entscheidung, dann tut es ein anderer für uns.

In allen Bereichen ist Handlung gefragt. Aktives Entscheiden und Tun. Nur wirst du erst etwas tun, wenn du dir selbst Wert gibst.

> Du gibst dir Wert,
> wenn du selbst entscheidest, dass du wichtig bist,
> wenn du entscheidest, dass du und dein Leben zählen,
> wenn du entscheidest, dass du es verdient hast, glücklich zu sein,
> wenn du entscheidest, dass ein »Ich fühle mich so lala« einfach nicht genug ist und es weitaus besser geht.

Natürlich muss sich der Selbstwert nicht von jetzt auf gleich radikal verändern. Geht auch gar nicht, denn jeder von uns hat ein anderes Tempo. Der eine entwickelt sich schnell und der andere eben etwas langsamer.

Ich selbst bin in manchen Bereichen schnell und in anderen langsam wie eine Schnecke. Das ist so aber vollkommen in Ordnung. Wichtig ist nur, dass ich nicht nach zehn Jahren immer noch über dieselbe Sache meckere, aber nichts ändere. Sich Gedanken über den eigenen Selbstwert zu machen, ist meiner Meinung nach der beste Ansporn zu mehr Mut und zu einem erfüllteren Leben. Denn mit genügend Selbstwert kommen Inspiration und Motivation ganz von allein.

Mach dir mal ganz in Ruhe Gedanken darüber, in welchen Lebensbereichen du dir zu wenig Selbstwert und Selbstliebe gibst. An welcher Stelle ist es an der Zeit, etwas mehr an dich zu denken und aktiv zu handeln?
Wenn du dich selbst nicht liebst, dann wirst immer Menschen anziehen, die dich auch nicht lieben.

MANTRA

Ich bin es wert.
Ich bin wichtig.
Ich bin gut genug.
Ich liebe mich.

Liebe jede Station deines Lebens

Manchmal ist es schwer, das zu akzeptieren, was einem das Leben serviert. Gerade richtige Herausforderungen, Herzschmerz, Verlust und unangenehme Situationen machen es einem besonders kompliziert. Als ich Parasiten im Körper hatte und mich von morgens bis abends nur mit meiner Gesundheit beschäftigte, habe ich die Situation nach etwa einem Jahr regelrecht verflucht. Es war einfach nicht mehr möglich, unter solchen Umständen ein ganz normales Leben zu führen. Alles drehte sich nur noch um meine Gesundheit, und es blieb kaum Raum für andere Dinge. Selbst beruflich und kreativ ging in dem Zeitraum einfach nichts. Ich wollte unbedingt vorankommen, aber es ging eher rückwärts als vorwärts, und das war sehr frustrierend.

Situationen akzeptieren, wie sie sind

Aber wie es natürlich nicht anders sein konnte, führte dies zu einer Erkenntnis: Ich kapierte, was Selbstliebe wirklich bedeutet. Ich habe gelernt, mehr zu entspannen, gut zu mir zu sein, Grenzen zu setzen. Ich habe verstanden, dass ich immer das Beste für mich wählen sollte. Ich habe erkannt: Meine Entscheidungen sind wichtig und beeinflussen mein ganzes Leben.

Erst jetzt, wo die ganze Sache schon eine Weile her ist, kann ich klarer sehen, wofür all das gut war. Welche Erkenntnisse wann in mein Leben kamen und wo Entwicklung einfach überfällig war. Erst als ein Schalter in mir umgelegt worden war, kam ich plötzlich wieder voran.

> Es bringt nichts, gegen etwas anzukämpfen! Du verstärkst es damit nur. Nimm es an, es gehört in diesem Moment zu dir!

Wenn wir gegen etwas ankämpfen, was wir nicht mögen, festigt sich das, was wir loswerden wollen, nur noch mehr. Wenn du immer denkst »Ich will nicht zur Arbeit fahren, da es mich stresst und ich meinen Chef nicht ausstehen kann«, verstärkt sich dieses Gefühl logischerweise jedes Mal. Wenn du gerade krank bist und dein ganzer Fokus darauf gelenkt wird, dann gibt es nur wenig Raum für schöne Dinge und positive Gedanken. Jedes kleine Symptom verschlimmert deinen Zustand. Wenn du glaubst, dass dein Partner dich betrügt, und du dir den ganzen Tag darüber Gedanken machst, wirst du fast wahnsinnig. Du verstärkst und verschlimmerst die Situation dadurch, ohne zu wissen, ob es wirklich stimmt. Es macht allerdings Sinn, sich in solchen Fällen Gedanken darüber zu machen, ob man mit dieser Person zusammenbleiben möchte, wenn es an Respekt und Vertrauen fehlt.

Bei allen Beispielen geht es darum, die Situation erst einmal zu akzeptieren und positiv zu bleiben. Es bedeutet aber nicht, verantwortungslos zu handeln und sich nicht untersuchen zu lassen, unzufrieden im Job zu bleiben oder es mit einem unehrlichen Partner auszuhalten. Es gilt nur, sich nicht verrückt zu machen und gegen etwas anzukämpfen.

Wenn es gerade an allen Ecken und Enden rüttelt und schüttelt, dann halte durch. Es warten bessere Zeiten auf dich. Und so kitschig es auch klingt: Nach jedem Regen kommt die Sonne.

Verzeihe, und bleibe offen

Ich hatte mich entschieden, nach Bali zu fliegen, um Freunde zu sehen und einfach all das zu genießen, was diese wunderschöne Insel zu bieten hat.

Es sollte von Frankfurt über Bangkok auf die Insel gehen. Morgens packte ich schnell noch den Rest, ging duschen und bekam ganz starke Krämpfe in der Bauchgegend. So stark, dass ich mich für eine Weile nicht bewegen konnte. Als es wieder ging, zog ich mich an und machte mich auf den Weg nach Bochum zum Bahnhof. Im Zug hatte ich das Gefühl, das Falsche zu tun. Ich sollte nicht fliegen. Ich hatte mich aber schon so sehr auf Bali gefreut und entschied mich, es trotzdem zu tun. Ich kam in Frankfurt an, checkte ein, und ab ging es in den Flieger.

Da saß ich nun im Flugzeug trotz des schlechten Gefühls. Ich fing an zu meditieren und bat um Führung. Ich wollte wissen, ob es wirklich falsch war zu fliegen. Kurz darauf kam eine Durchsage, dass sich unser Start ein wenig verzögerte, da noch Gepäck von fehlenden Passagieren eingeladen werden musste.

Etwa eine halbe Stunde später sollte es weitergehen, als der Pilot technische Probleme bemerkte. Das Bodenpersonal musste ins Flugzeug und die Probleme beheben.

Waren das eindeutige Zeichen oder einfach nur Zufälle?

Inzwischen waren zwei Stunden vergangen, und ich hätte genug Möglichkeiten gehabt, das Flugzeug zu verlassen. Ich hatte es aber nicht getan. Wir waren bereit zu starten und rollten in Richtung Startbahn. Das Flugzeug wurde schneller und schneller, als plötzlich eine Frau laut anfing zu schreien. Die Sauerstoffmaske fiel über ihr herunter. Trotzdem ging es in die Höhe. Was für ein Start!

Ich hatte nach Zeichen gefragt, sie bekommen, aber nicht reagierte. Da saß ich nun im Flugzeug, und die ersten ein bis zwei Stunden ging auch alles gut. Bis ich plötzlich anfing, mich grottenschlecht zu fühlen. Ich hatte extremes Herzstolpern und das Gefühl, mich übergeben zu müssen.

In Bangkok gelandet ging es mir so schlecht, dass ich mich entschied, nicht weiter nach Bali zu fliegen. Ich bat das Airline-personal darum, mein Gepäck auszuladen. Ich checkte in ein Zimmer in der Nähe des Flughafens ein und vereinbarte für den nächsten Tag einen Termin im Krankenhaus. Ich hatte das Gefühl, dass etwas mit meinem Herz nicht in Ordnung war. Am nächsten und übernächsten Tag wurden einige Untersuchungen durchgeführt, und ich bekam Betablocker.

Ich war einen Tag lang echt schockiert und fing an, mich selbst zu bemitleiden. Dann dachte ich nach und konnte ein Muster wahrnehmen. Schon Jahre zuvor ging es mir einmal gesundheitlich sehr schlecht, und jedes Mal, wenn dies der Fall war, ging es mir besser, wenn ich die volle Verantwortung für mein Leben und die Geschehnisse übernahm.

Anstatt zu jammern und Medikamente zu nehmen, wurde mir klar, dass ich in mich hineinspüren musste, um zu sehen, was gerade falsch lief. Das tat ich auch. Ich horchte in mich hinein und bekam ein eindeutiges Zeichen, dass ich mich in die falsche Richtung bewegte.

Bali war also »falsch«. So lautete jedenfalls meine erste Schlussfolgerung. Ich blieb noch eine Woche in Bangkok und überlegte, was ich tun sollte. Ich erholte mich ein wenig von dem Flug und dem Stress, den ich vor dem Flug gehabt hatte.

Richtig gut tat mir Bangkok aber nicht, es war viel zu laut und dreckig für meinen Geschmack. Ich sagte meinen Freunden in Bali Bescheid, dass ich eventuell nicht kommen würde, da vieles dagegensprach.

Am nächsten Tag entschied ich mich dann aber doch dazu, einen Flug nach Bali zu buchen.

Ein wenig nervös war ich ja schon, denn normalerweise cancelte ich Dinge, die sich so falsch anfühlten. Doch sobald die Angst mit am Start ist, ist es sehr schwer zu unterscheiden. Die besten Entscheidungen trifft man nicht in extremer Freude und auch nicht in Trauer oder Angst.

Nach Singapur verlief alles reibungslos und sehr angenehm. Aber von Singapur nach Bali sah es schon wieder ganz anders aus – heftige Turbulenzen und zeitweise Landeverbot. In Bali gelandet ging es mit dem Taxi nach Ubud. Auf dem Weg hatten wir einen Unfall und kurz darauf eine Polizeikontrolle. Schon wieder so viele Zeichen! So langsam bekam ich Angst vor Bali. Beim letzten Mal hatte ich mir die Parasiten eingefangen.

Die ersten Tage in Bali fühlten sich trotzdem sehr angenehm an. Ich aß gut, gönnte mir Massagen und traf Freunde. Der perfekte Alltag eigentlich.

Trotzdem entschied ich mich dazu, tiefer in meine Gefühle, in mein Innerstes einzutauchen. Ich wollte wissen, was in mir los war. Es musste einen Grund dafür geben, warum es so schwer gewesen war, hier anzukommen.

Dem Ex verzeihen

Als ich eines Tages auf meinem Bett in Bali lag, kam ganz stark das Gefühl in mir auf, dass es bei meinem Unwohlsein auch um meine letzte Beziehung ging. Sie hatte sehr viele Spuren hinterlassen. Und auch wenn ich dachte, dass ich mit den Geschehnissen abgeschlossen hatte, so sprachen mein Körper und mein Gefühl eine andere Sprache.

Seitdem Schluss war, vermisste ich meinen Ex nicht, da ich mich in der Beziehung sehr einsam gefühlt hatte. Ich war nicht so akzeptiert worden, wie ich war, sondern konstant kritisiert worden. Das hat mich geschlaucht und meinen Selbstwert geraubt. Es war also klar, dass ich dieses Verhalten nicht vermisste.

Mir ging es besser und besser, doch fühlte es sich nicht gut in der Herzgegend an. Was dann durchkam, war, dass ich unbewusst noch immer wütend auf ihn war. Ich musste ihm verzeihen und ihm Liebe schicken. Das war eine ordentliche Herausforderung, wenn ich zurückdachte, was alles passiert war. Aber es war die einzige Möglichkeit, diese Geschehnisse zu verabschieden und zu verarbeiten. Und wie sagt man doch so schön: Nur die Starken können verzeihen.

> Ich komme erst voran und bin wieder in Balance, wenn ich alten Ballast hinter mir lasse.

Hier glauben wir, dass die Sache erledigt ist, wenn wir etwas oder jemanden aus unserem Leben verabschieden. Das ist sie meistens aber nicht. Wir müssen Frieden mit der Vergangenheit schließen. Wir sollten uns für die Erfahrung bedanken, so schwer es manchmal auch sein mag.

Vielleicht macht es für den Verstand auch keinen Sinn, für herzbrechende Erfahrungen dankbar zu sein. Für das Herz aber schon. Das Herz möchte heilen. Es möchte Liebe spüren! Für das Herz ist nur Liebe real und der ganze andere Rest unnötig.

Während meines Studiums hatte ich einen schweren Autounfall auf der Autobahn. Ein Lkw-Fahrer zog einfach auf meine Spur, und ich geriet ins Schleudern und fuhr mit 180 km/h vor die Leitplanke. Außer Prellungen und leichten Verbrennungen passierte mir nichts. Ich war einfach nur froh, noch am Leben zu sein. Auf den Lkw-Fahrer war ich nicht wütend, denn es hätte jedem passieren können. Jeder von uns macht Fehler. Mir ist nichts Tragisches passiert, und dafür war ich dankbar. Unbewusst traf ich damals die richtige Entscheidung: gegen Wut und Schuldzuweisungen. Und genau dasselbe war nun wieder dran.

Klar, der Unfall hätte mich umbringen können. Die letzte Beziehung hat mich auch in sehr gefährliche Situationen gebracht. Beides habe ich aber überlebt. Und genau das ist der Punkt!

Erfahrungen lehren uns und machen uns stärker, Schuldzuweisungen, Trauer oder Wut müssen dann einfach gehen.

Tu es für dich. Verzeih dir selbst und anderen Personen, die dir wehgetan haben. Du befreist sie von ihrer Schuld, und du befreist dich selbst von schlechten Gefühlen. Die Menschen, die dich verletzt haben, wussten es wohl nicht besser. Es wird wie ein Befreiungsschlag in ein neues Leben für dich sein.

Entscheide dich für Freiheit in deinem Herzen! Du wirst erst frei im Herzen sein, wenn du all den Ballast der Vergangenheit loslässt.

Mach dir ganz in Ruhe Gedanken darüber, wem du noch verzeihen willst.

Willst du deinem/deiner Ex verzeihen und dich damit für deine eigene Freiheit entscheiden?

Gibt es noch Dinge, die in deiner Kindheit passiert sind, die du noch nicht loslassen konntest?

Haben deine Eltern Fehler gemacht, die du verzeihen und loslassen möchtest?

Möchtest du dir selbst verzeihen? Hast du vielleicht in deinem Leben Entscheidungen getroffen, die nicht gut für dich und andere waren?

MANTRA

Ich verzeihe meiner Vergangenheit.
Ich lasse los und bleibe offen für die Liebe.

Die Liebe zum Leben

Ich sitze mit meiner Freundin Anita, die seit ein paar Jahren auf Bali lebt, im Café, als sie plötzlich eine Nachricht erhält, die uns beide angeht: *Paul hat sich das Leben genommen.*

Es gibt Menschen, die vergisst man nicht, weil sie einfach so besonders sind. So ist es mit Paul, den ich vor zweieinhalb Jahren in Kuala Lumpur in einem Hostel kennenlernte. Ich sah ihn und hatte sofort das Gefühl, ihn zu kennen. Ich war auf der Durchreise nach Australien und wollte eigentlich meine Ruhe haben, und doch war das Gefühl da, ihn ansprechen zu müssen.

Er war zu dem Zeitpunkt erst 19 Jahre alt, aber so weise wie ein 80-Jähriger. Er war einfach besonders. Wir verbrachten den nächsten Tag miteinander und hatten viel Spaß. Wir konnten tiefgründige Gespräche führen, aber auch albern sein. Am nächsten Morgen fuhr ich zum Flughafen, und er nahm den Bus zu einem Vipassana-Retreat, um dort zehn Tage zu meditieren. Ich verpasste meinen Flug nach Australien und entschied mich dazu, wieder zurück nach Thailand zu reisen. In Krabi trafen wir uns wieder und verbrachten dort ein paar Tage gemeinsam, bis wir dann mit einigen anderen wundervollen Reisenden nach Koh Lanta fuhren. Auch dort hatten wir alle eine schöne Zeit: Sieben Menschen, sieben Lebensgeschichten und sechs Nationalitäten rückten hier näher zusammen und machten die Tage besonders.

Wochen später besuchte mich Paul in Chiang Mai, wo wir dann noch mehr Zeit miteinander verbrachten. Paul war so herzlich, doch ich hatte Angst, mich noch mehr zu öffnen. Aus diesem Grund ging ich nach einiger Zeit auf Distanz. So reiste er weiter nach Laos, und ich machte meine erste mehrtägige Meditationserfahrung. Monate vor seinem Abschied zog es Paul nach Indien, und er ließ das Leben auf sich einprasseln, schloss viele Freundschaften und machte neue Erfahrungen.

Nach seiner Rückkehr nach Frankreich war er wohl nicht mehr derselbe und verfiel in Depressionen. Er war immer sehr neugierig und sensibel. Für sein Alter war er unglaublich weise und hatte schon viele Erfahrungen gemacht. Er brachte Menschen zusammen, öffnete ihre Herzen und zeigte jedem eine gewisse Leichtigkeit des Seins. Er war ein Engel im Menschenkörper, und seine Mission schien erfüllt zu sein.

Ich konnte mich in Paul erkennen. Ich sah die Gemeinsamkeiten. Er war genauso neugierig, was das Leben betraf. Es ist gut, das Leben zu hinterfragen, doch es gibt Grenzen, und zu viel Neugier kann ungesund für die Psyche sein. Es ist wichtig, das Leben zu genießen und nicht alle Dinge genauestens erforschen zu wollen.

Und nun sitze ich mit Anita im Café und kann es nicht glauben. Doch ich spüre in dem Moment auch, dass es ihm jetzt gut geht. Als ich erfahre, zu welchem Zeitpunkt er sich das Leben genommen hat, muss ich an meine eigenen Gefühle während dieser Zeit denken. Denn vor zwei Monaten hat es drei Tage gegeben, an denen ich fast durchgehend weinen musste. Ich wusste damals nicht, woher der Schmerz und die Trauer kamen, ließ die Wellen aber einfach über mich hinwegspülen. Nun weiß ich es: Die Emotionen erschienen genau an dem Tag, an dem sich Paul das Leben nahm. Ich konnte spüren, dass er von uns ging.

Wenn wir uns für unser Leben entscheiden, dann sollten wir dies jeden Morgen neu tun. Wir sollten jeden Tag dafür dankbar sein, dass wir hier sind, dass wir am Leben sind. Wir leben Dinge, die sich andere nur erträumen können. Dennoch sind wir manchmal frustriert und undankbar.

Wir sollten viel dankbarer dafür sein, dass wir ein Dach über dem Kopf haben und nicht unter der Brücke leben. Dass wir in einem Land wohnen, in dem es normal ist, satt zu sein und nicht an Hunger zu leiden.

Mir wird in diesen Tagen bewusst, dass es Phasen im Leben gibt, in denen es nötig ist zu kämpfen. Wer nicht kämpft, hat verloren. Das Leben ist es aber wert. Denk nur an all die Menschen, die dich lieben und die du liebst. Denk an all die schönen Momente, die du schon erleben durftest.

In jedem von uns steckt ein Krieger, der erweckt werden möchte. Ein Krieger, der stark genug ist, alle Höhen und Tiefen zu meistern. Wenn auch nicht immer mit Leichtigkeit. Ein Krieger gibt aber nicht so einfach auf.

> Es geht darum, jeden Tag Ja zum Leben zu sagen.
> Ja zu unserem Körper.
> Ja zu neuen Erfahrungen.
> Ja zum Mysterium Leben.
> Ja zu unseren Möglichkeiten.
> Ja zu unseren Freunden.
> Ja zu unserer Familie.
> Ja zu den einfachen Dingen.
> Ja dazu, jeden Tag das Beste aus dem Tag zu machen.
> Ja zu der Schönheit der Natur.
> Ja zu der Magie des Lebens.
> Ja zu Wachstum.

Wenn wir jeden Tag Ja zum Leben sagen, entscheiden wir uns ganz bewusst dafür. Wir existieren dann nicht mehr, sondern nehmen es in unsere Hand. Wir sind einfach nicht mehr passiv. Wir entscheiden uns für das Bewusstsein. Dieses Leben bietet so viele Möglichkeiten, so viel Spaß und Liebe, dass es eine Tragödie wäre, es nicht zu nutzen. Sag Ja zu deinem Leben!

Das Leben arbeitet für dich

Wir alle neigen dazu, Situationen schnell zu verurteilen. Wenn etwas nicht so läuft, wie wir es gern hätten, wird gejammert.

Die Traumwohnung nicht bekommen, der erhoffte Job ging an jemand anderen, den Studienplatz nicht ergattert, der Traumpartner ist an einer anderen Person interessiert. Diese Liste könnte ellenlang sein. Denn nur selten läuft alles genau planmäßig.

Wenn ich heute zurückblicke, dann bin ich sehr dankbar dafür, dass manche Dinge einfach nicht geklappt haben, so sehr ich es mir auch gewünscht habe. Ich habe das Gefühl, dass es eine höhere Ordnung gibt, die sowieso alles in die Richtung lenkt, in die es gehen soll. Und da wir in diesem Moment nicht sehen, was alles möglich ist und was alles auf uns wartet, verzweifeln wir manchmal.

Wir glauben, dass die Dinge so sein sollten, wie wir sie uns wünschen. Jedoch entscheiden wir uns oft aus Angst heraus – und nicht aus Liebe. Unsere Wünsche und Träume sind durch unsere Programmierungen sehr limitiert. Das heißt: Eigentlich haben wir absolut keine Ahnung, was alles auf uns zukommen könnte.

Mein damaliges Studium mochte ich nicht. Ich versuchte dennoch, es auf Biegen und Brechen irgendwie hinzukriegen. Es machte aber keinen Spaß. Mein Herz war nicht dabei. Auch wenn ich am Verzweifeln war und mir diese Zeit schlaflose Nächte gebracht hat – das Studium hat mich doch nach Australien gebracht.

Jahre später zog ich für einen Sommer nach Berlin und plante, dort zu bleiben. Das Leben führte mich dann aber durch ein Praktikum nach Thailand. Was nicht passiert wäre, wenn ich nicht in Berlin gewesen wäre. Der Aufenthalt in Thailand hat dazu geführt, dass ich plötzlich in Vollzeit reisen und schreiben konnte.

Es gibt Gründe für alles, und wir können in dem gegenwärtigen Moment das große Ganze nicht sehen und nicht verstehen, warum Situationen im Leben nicht klappen. Im Nachhinein sind wir immer klüger und wissen, warum manche Dinge einfach nicht funktioniert haben.

> Es wartet Besseres auf dich! Es ist alles in perfekter Ordnung. Du musst nicht alles auf Anhieb verstehen.

Du kannst das Leben nicht kontrollieren

Wochenlang war ich von wundervollen Menschen umgeben, und gern hätte ich mehr Zeit mit ihnen verbracht. Jedoch wachte ich Morgen für Morgen mit dem Gefühl auf, über Weihnachten nach Polen zu wollen. Ich entschied mich dazu, einen Inlandsflug in Brasilien abzublasen und stattdessen nach Europa zu fliegen. Mein Gefühl sagte mir, dass es richtig so war.

Gleichzeitig war ich aber auch traurig und verunsichert, da es einen Menschen gab, mit der ich mich noch intensiver austauschen wollte. Er sollte in demselben Flugzeug in Brasilien sitzen, wie ich zwei Tage zuvor erfahren hatte. Wir hatten zuvor schon gute Gespräche geführt, und es war sofort eine Vertrautheit dagewesen, die man nur ganz selten hat. Ich hätte mich so sehr gefreut, diesen Mann wiederzusehen. Trotzdem entschloss ich mich, nach Lissabon zu fliegen und von da aus zu meiner Familie.

Die ersten Tage in Lissabon waren seltsam, und ich hatte das Gefühl, die falsche Entscheidung getroffen zu haben. Ich traf mich mit Freunden und arbeitete ein wenig. Doch irgendwas fehlte mir.

Am Abend setzte ich mich hin und meditierte. Ich entschied mich, wieder ganz ins Vertrauen zu gehen und dem Universum die Möglichkeit zu geben, mir das Bestmögliche zu servieren.

Ich stand früh auf und wollte von einem anderen Café aus arbeiten. Ich checkte die Optionen, doch keine sprach mich so wirklich an. Also ging ich einfach in das Café nebenan. Und da zeigte mir das Leben, was passieren kann, wenn man die Kontrolle abgibt: Er, den ich so gern noch besser kennengelernt hätte, saß dort am Tisch. Ich konnte es nicht glauben und musste mehrmals weg- und wieder hinschauen. Es war tatsächlich wahr. Er hatte sich entschlossen, schon eher nach Europa zu fliegen, und verbrachte den Tag in Lissabon. Wir saßen viele Stunden da und unterhielten uns. Die Energie floss, wir lachten viel und waren sehr glücklich, einander zu sehen. Gleichzeitig war es unglaublich schockierend – auf eine positive Art und Weise –, wie wenig Einfluss wir auf manche Dinge haben.

Ich wusste damals, dass dieser Mann noch eine sehr wichtige Rolle in meinem Leben spielen und einer meiner besten Freude werden würde. Und ich wusste auch, dass ich mir keine Sorgen machen musste.

Wenn ich Menschen treffen soll und sie ein Teil meines Leben werden sollen, dann wird das auch so kommen. Dann kreiert das Leben Wege und Möglichkeiten, dass es auch so passiert. Es werden Synchronizitäten eintreten, und die Wege kreuzen sich dann auf magische Art und Weise.

Die besten Dinge passieren, wenn wir im vollen Vertrauen sind. Wenn wir nicht versuchen, alles zu kontrollieren. Ich glaube an eine perfekte Ordnung im Universum, und dass alles, was passieren soll, auch passieren wird. Passiert es nicht, dann ist die Zeit einfach noch nicht reif, oder Besseres wartet auf dich.

> Unterbreche den Flow nicht. Vertraue, dass alles ganz genauso geschieht, wie es geschehen soll.

Das Universum unterstützt uns

Ganz egal, wofür wir uns in unserem Leben entscheiden, welchen Weg wir einschlagen: Wir erhalten konstant Unterstützung. Auch wenn es sich nicht immer so anfühlen mag. Auch in schwierigen Zeiten führt uns das Universum. Es ist nicht immer auf Anhieb ersichtlich. Vieles ergibt zunächst keinen Sinn, im Nachhinein aber schon.

Viele von uns hatten schon Momente, in denen sie realisierten: »Ah! Dafür war die Erfahrung also gut.«

Vertrauen wir den Zeichen, die uns das Universum oder unsere Intuition schicken, sie sind wertvoller als die Hinweise unseres Verstandes. Wir sind nie allein. Wir müssen nur genauer hinschauen und in uns hineinhorchen.

Durch unsere innere Stimme können wir erkennen, wann wir uns auf dem richtigen Weg befinden und wann in einer Sackgasse. Doch viel zu oft hören wir nicht darauf, sondern folgen unserem »Verstand«. Es ist nur so, dass unser Verstand auch nicht alles weiß. Wenn wir an uns arbeiten, kann es uns gelingen mitzubestimmen, wie viel Einfluss er auf uns und unsere Entscheidungen hat. Natürlich brauchen wir unseren Verstand, doch er darf bei manchen Entscheidungen nicht die Oberhand gewinnen. Da gilt es, auf unser Gefühl zu achten. Unser Verstand limitiert uns. Er sagt uns, was möglich ist und was nicht. Doch oft flüstert uns unser Gefühl etwas ganz anderes zu: »Tu es, folge deinem Herzen!« Währenddessen schreit unser Verstand: »Bist du verrückt? Du darfst doch nicht so unvernünftig sein! Du kannst das nicht. Glaubst du denn, du wärst besser als andere?« Der Verstand hilft uns bei vielen Dingen, doch in solchen Situationen ist er keine Unterstützung.

Jeder, der schon einmal im Flow war und seiner Leidenschaft gefolgt ist, kennt dieses unglaublich tolle und mystische Gefühl, das einen ganz unerwartet überkommt und inspiriert. Alles scheint dann möglich zu sein. Die Ideen sprudeln nur so aus uns heraus, und wir sind im Einklang mit uns selbst. Wir tun in diesem Moment, was wir tun müssen. Und es fühlt sich so an, als ob da etwas Mächtigeres mitwirkt.

Wenn mich dieses Gefühl überkommt und eine neue Idee in mir brodelt, dann bekomme ich Gänsehaut und manchmal sogar Tränen in den Augen. Ich weiß in dem Moment, dass ich diesen Ideen nachgehen sollte. Ich war nicht immer so sensibel und empfänglich. Das fing alles an, als ich begann, bewusster zu leben. In meinem Buch *Freiheit beginnt im Kopf* gehe ich auf meine Entwicklung in dieser Zeit noch etwas genauer ein. Woher kommt dieses Gefühl?

Manche nennen es Gott, andere das Universum, die Essenz des Lebens, wieder andere sprechen von unserem Unterbewusstsein, dem Zentrum der Kreativität, dem Bauchgefühl oder unserem wahren Ich. Es ist egal, wie wir es nennen oder was es genau ist, solange wir darauf hören. Denn dieses Gefühl oder diese Stimme ist in der Lage, unserem Leben Sinn zu geben, uns den Weg zu zeigen, unser Leben mit mehr Leidenschaft zu füllen und uns in Einklang mit unserer wahren Natur zu bringen. Wenn wir dieses Gefühl verlieren, sind wir nicht mehr mit uns verbunden. Daher ist dieses Gefühl so wichtig. Es ist alles. Es ist die Quelle, in der all unsere Ideen entspringen. Es macht unser Leben erst lebenswert. Es lässt die Liebe fließen.

Die Ideen, die ich in den letzten Jahren hatte, die mich wirklich erfüllt und zu einem glücklichen Menschen gemacht haben, sind Impulse, die mir das Universum schickte. Der eine oder andere mag jetzt vielleicht schmunzeln, aber so funktioniert es für mich und für viele andere Menschen auch.

Ich glaube daran, dass wir wie ein Instrument sind, durch das Ideen fließen. Wir sind dazu da, diese Ideen umzusetzen und zu Materie werden zu lassen. Wenn wir aber nicht mit unserer Mitte verbunden sind, gehen diese Inspiration und somit unsere Lebensaufgabe verloren. Sie verabschieden sich nicht. Wir können sie einfach nur nicht mehr hören.

Ich setze mich jeden Tag für einige Minuten hin und erlaube mir absolute Stille. In dieser Stille steigen in mir Gedanken auf, die mich führen und mir zeigen, was zu tun ist. Andere setzen sich Ziele und formulieren To-do-Listen. Für mich funktioniert es so. Indem ich dem Leben und dem Universum mein uneingeschränktes Vertrauen schenke, werde ich belohnt.

Die Zeichen erkennen

Wir alle werden geführt – davon bin ich fest überzeugt. Ich selbst durfte schon des Öfteren die Erfahrung machen. Es ist ein wunderbares Gefühl, im Flow zu sein, sich leicht und unbeschwert zu fühlen und alles voller Freude geschehen zu lassen. Die Dinge passieren einfach, ohne Aufwand und ohne etwas zu erzwingen. In dem Moment wissen wir einfach, wer in unserem Leben sein soll, was wir machen und wovon wir leben sollen.

Wenn ich meiner Intuition nicht folge, läuft alles mühsam. Das Schreiben macht mir keinen Spaß, ich folge Meinungen anderer, statt meiner eigenen Stimme, und es ist auch keine Seltenheit, dass ich in diesen Phasen krank werde.

> Wir sind hier, um glücklich zu sein und mit einem Lachen aufzuwachen. Das Leben muss nicht mühsam und nervenraubend sein. Es sollte einfach sein, und wir sollten ein Gefühl dafür haben, was für uns richtig und was falsch ist.

Unsere Intuition gibt uns jeden Tag Signale, die wir entweder wahrnehmen oder ignorieren können. Nehmen wir diese Wegweiser wahr, dann können wir in den Flow gelangen, und es wird jedes Mal einfacher. Wenn wir diese Signale ignorieren und nur unseren Verstand regieren lassen, dann wird es komplizierter. Es kostet mehr Energie, und es kann uns in die falsche Richtung führen.

Die Kreuzungen des Lebens

Manchmal befinden wir uns in Situationen, in denen wir schnell eine Entscheidung treffen müssen. Und oft geben uns unsere Intuition und unser Verstand gleichzeitig ein Zeichen.

Letztes Jahr flog ich von Bali nach Darwin, weil ich wegen des Visums ausreisen musste. Zwei Tage wollte ich bleiben und dann wieder ins schöne Ubud zurückkehren. Als ich in Darwin ankam und meinen Flug zurück nach Bali buchen wollte, bekam ich keine Buchungsbestätigung. Auch meine Telefonanrufe bei der Airline waren erfolglos. Dennoch fuhr ich zwei Tage später zum Flughafen und ging zum Check-in. Ich erhielt tatsächlich ein Ticket, doch die Airline wollte mich nicht fliegen lassen, da ich keinen Rückflug von Bali gebucht hatte. Die meisten Airlines ließen mich bisher einreisen, doch einige wenige hielten es eben etwas strikter. In solchen Situationen diskutiere ich nicht, es hätte sowieso keinen Sinn.

Stattdessen setzte ich mich für ein paar Minuten hin und überlegte, ob ich einen Umweg über Singapur oder Kuala Lumpur in Kauf nehmen sollte, um doch noch nach Bali zu gelangen. Doch ich entscheid mich dafür, ein paar Minuten die Augen zu schließen und in mich hineinzuhorchen. Dabei kam in mir hoch, dass ich noch in Australien bleiben sollte. Ich schickte also eine Nachricht ins Universum hinaus: »Wenn ich noch hier bleiben soll, dann schick mir einen supergünstigen Flug nach Brisbane.« Ich checkte die Flüge. Und tatsächlich entdeckte ich plötzlich einen außergewöhnlich preiswerten Direktflug, der schon in zwei Stunden startete. Ich traute meinen Augen kaum und checkte ein paar Minuten später noch einmal, ob der Flug wirklich real oder ich einfach nur vollkommen übermüdet war. Doch der Flug war auf keiner Website mehr zu finden! Daher ging ich zum Serviceschalter der Airline und fragte nach. Gab es tatsächlich diesen Flug nach Brisbane? Japp, den gab es, und der Preis stimmte auch. Ich musste grinsen und buchte den Flug.

Frühmorgens holte mich eine Freundin vom Flughafen in Brisbane ab. Sie freute sich riesig darüber, dass ich mich so spontan dazu entschieden hatte, sie zu besuchen.

Ich verbrachte mehrere Wochen an der Gold Coast und in Byron Bay. Genoss es, jeden Morgen am Strand spazieren zu gehen, wachte im Flow auf und war einfach superdankbar. Es war eine goldrichtige Entscheidung gewesen, meiner Intuition zu folgen, statt etwas erzwingen zu wollen, was in dem Moment für mich nicht richtig war.

Und wenn ich zurückblicke, kann ich ganz klar sagen, dass jede Situation, in der ich mich gegen meinen Verstand und für mein Gefühl entschieden hatte, etwas Goldrichtiges mit sich brachte. Die richtigen Menschen sind auf diese Weise in mein Leben getreten. Und ich habe viele Situationen erlebt, die mir Fortschritt und Veränderung brachten – und einfach nur pures Glück. Ich bin jedes Mal unglaublich dankbar für diese Intuition, da sie um so viel klüger und mächtiger ist als unser Verstand und uns niemals im Stich lässt. Unsere Intuition will uns helfen, sie will uns auf den richtigen Weg bringen, und sie weiß, was für uns gut ist!

Natürlich brauchen wir auch unseren Verstand, der uns sagt, dass es gefährlich ist, von einer Brücke zu springen oder verdorbenes Fleisch zu essen. Doch mir geht es hier um Situationen, in denen unser Kopf uns von notwendigen Veränderungen abhält.

Der intuitive Geist ist ein heiliges Geschenk,
und der rationale Verstand ein treuer Diener.
Wir haben eine Gesellschaft erschaffen,
die den Diener ehrt und das Geschenk vergessen hat.
Albert Einstein

Wir sind grenzenlos

Vielleicht hast du schon mal die Aussage gehört, dass wir unbegrenzt sein sollen. Manch einer wird jetzt wissen, wovon ich spreche, und andere denken jetzt vielleicht, dass ich spinne und dass es unmöglich ist, unbegrenzt zu sein.

Du kennst doch sicherlich auch Situationen, in denen du versuchst, Menschen zu verändern oder ihnen zu helfen. Doch irgendwie wird da nichts draus. Wenn wir versuchen, Menschen zu verändern, funktioniert es nicht, weil sie sich in ihrer persönlichen Freiheit eingeschränkt fühlen.

Der Wunsch nach Freiheit ist immer da, deshalb funktioniert es auch nicht, anderen zu sagen, was sie machen sollen. Es ist wie bei kleinen Kindern, die nicht an der Hand laufen wollen. Wir sind auch wie kleine Kinder. Sagt uns jemand: »Mach das oder das!«, dann stellen wir uns quer. Oder funktioniert es, jemandem zu sagen »Iss bitte kein Fleisch mehr«, nur weil du es als richtig erachtest? Wohl eher nicht.

Woher kommt das Gefühl?
Kinder empfinden kaum Begrenzungen. Sie fangen erst damit an, wenn sie »erzogen« werden. Erst dann wird ihnen gesagt, wie sie sich zu verhalten haben, was falsch und was richtig ist. Was gesellschaftlich akzeptiert ist und was nicht. Geboren wird aber jeder von uns ohne Begrenzungen. Wir kommen frei zur Welt und kreieren dann nach und nach unser eigenes Gefängnis.

Ich sehe dies immer sehr deutlich bei Künstlern. Die Grenzenlosigkeit und Fantasie wird in Musik, Worten, Bewegungen und Bildern so oft widergespiegelt.

Haben wir deshalb das Gefühl, dass da weitaus mehr geht, als es uns beigebracht und vorgelebt wird?

Wir alle suchen nach mehr, haben das Gefühl, dass das Leben Tieferes, Schöneres, Spannenderes zu bieten hat, als es uns beigebracht wird. Und das Gefühl tritt sicherlich nicht grundlos auf.

Irgendetwas in uns muss ja wissen, dass wir mehr sind und mehr können. Der Wunsch wäre einfach nicht vorhanden, wenn das Unterbewusstsein nicht wüsste, dass wir uns selbst extrem begrenzen, dass uns die Sicht und der Zugang durch irgendetwas versperrt wurde.

Wir sehnen uns nach Freiheit, Liebe, Zugehörigkeit, Akzeptanz, Hingabe, Fülle. Wir spüren, dass Begrenzungen, Leid, Hass und Angst nicht unserer Natur entsprechen.

Und nach und nach sind wir dabei, unsere Großartigkeit und Freiheit wiederzuentdecken und sie zu leben. Angst versucht, sie manchmal zu versperren und als nicht realistisch darzustellen. Wenn die Liebe aber wieder ins Spiel kommt, dann hat die Angst keine Chance.

> Wir können und sind so viel mehr, als wir glauben. Deshalb können uns Begrenzungen auch nicht zufriedenstellen. Weil wir unbegrenzt sind.

Vertraue deiner Intuition

Ich saß eines Mittags am Strand und dachte nach, da ich eine Entscheidung treffen musste. Wegen meines Visums musste ich für ein paar Tage oder Wochen aus Australien ausreisen. Hawaii, Fiji und Bali hatte ich auf der Liste. Alle Optionen waren in meinem Verstand entstanden. Fiji und Hawaii hatte ich noch nie gesehen, und auf Bali könnte ich Freunde treffen, wieder mit dem Roller durch Reisfelder fahren und an verrückten Veranstaltungen teilnehmen.

Ich entschied mich aber dazu, meine Augen zu schließen und in mich hineinzuhorchen. Denn die Stimme des Herzens ist meist leiser als der Verstand. Die Antwort kam sehr schnell und hinterließ eine Gänsehaut auf meinem Körper. Gerade die Oberseite meines Kopfes war wie elektrisiert. Ich konnte den Uluru, das Herz von Australien, sehen. Ich fing an zu weinen und wurde ganz euphorisch. Kurze Zeit später begann mein Verstand auch schon, das Erlebte zu kommentieren. Natürlich machte es für meinen Verstand absolut keinen Sinn. Dennoch dachte ich darüber nach. Australien war immer richtig für mich gewesen, da es mich in so vielen Dingen schon unterstützt hat. Hier hatten sich viele Möglichkeiten ergeben, hier hatte ich die Entscheidungen getroffen, die jedes mal mein Leben verändert hatten. Es war einfach an der Zeit, Danke zu sagen. Und wo könnte ich das besser tun als im Zentrum des Landes – am spirituellen Herzen dieses magischen Kontinents. Und was wusste ich schon, was dort noch so auf mich wartete?

Intuition und Synchronizität

Tage später saß ich nun im Flieger von der Gold Coast nach Melbourne. Einen Tag wollte ich in meiner australischen

Lieblingsstadt verbringen, bevor ich weiter ins Zentrum von Australien flog. Meine Flugnummer war die 555 und bezahlt habe ich 333,- Australische Dollar.

Ich weiß nicht, ob du an Nummerologie glaubst oder interessiert bist. Bei mir kommen diese Zahlenkombinationen aber immer auf, wenn ich auf dem richtigen Weg bin. Ich sehe häufig 11:11 oder 22:22 auf meiner Uhr. Dies ist aber nur der Fall, wenn ich mit meiner Intuition und meinem höheren Selbst verbunden bin.

Interessanterweise hatte ich mir für den Flug das Buch *Love out loud* von Nicole Gibson eingepackt. Vor Monaten hatte ich angefangen, es zu lesen und es nach einem Tag beiseitegelegt. Ich wollte es aber weiterlesen, es war spannend und toll ge-schrieben. Als ich dann das Buch aufschlug und sah, wo ich vor Monaten zu lesen aufgehört hatte, musste ich grinsen. Es war ein Kapitel zum Thema Zufälle – genauer, dass es keine Zufälle gibt. Und das Kapitel fing im Outback von Australien an.

Vor einem Jahr lernte ich Jory auf Bali kennen. Jory ist ein älterer, zierlicher und naturverbundener Amerikaner, der seit Jahrzehnten in Australien lebt und weltweit seine handgefertigten Lederschuhe verkauft. Ich spürte sofort eine tiefe Verbindung zu ihm. Er konnte es auch spüren, als wir uns umarmten, es fühlte sich so an, als ob er Teil meiner Seelenfamilie ist.

In einer Nacht wurde ich wach und wusste, dass ich Schuhe von ihm brauchte. Was es zu bedeuten hatte, wusste ich zu diesem Zeitpunkt nicht. Es machte auch keinen Sinn, dennoch traf ich ihn und probierte verschiedene Boots an. Aber irgendwie fiel mein Fokus immer wieder auf seine eigenen. Ich wollte seine Schuhe haben. Wie es sein sollte, passten diese auch perfekt. Haltet mich für verrückt, aber ich bin hochintuitiv und weiß manchmal einfach nicht auf Anhieb, was diese Informationen zu bedeuten haben. Im Nachhinein macht aber alles immer Sinn.

All das können Zufälle sein oder eben auch nicht. Du ent-scheidest selbst, ob du deinem Leben einen höheren Sinn gibst oder nicht. Ich habe mich vor Jahren dazu entscheiden, auf meine innere Stimme zu hören und kein »flaches« Leben zu leben. Es fehlte einfach der Sinn, ohne diese wichtige Verbindung zu meiner Intuition.

Mit der Entscheidung verändert sich alles

Schon als ich im Flieger von Melbourne in Richtung Uluru saß, veränderte sich viel in mir. In den letzten Jahren hatte ich eine Flugangst entwickelt. Oder eher das Gefühl, dass wir nicht ins Flugzeug gehören, da es sehr unnatürlich ist.

Nun saß ich im Flieger und fühlte mich plötzlich wieder so, wie ich es von früher kannte. Ich war entspannt und gleichzeitig voller Vorfreude. Ich fühlte mich sicher und konnte keine Angst spüren. Dieses Gefühl der Sicherheit und des Geführtwerdens war ganz plötzlich wieder zurückgekehrt, als ich mich dazu entschieden hatte, meine Intuition nicht zu hinterfragen und bei Zeichen direkt zu handeln. Ich war kein Opfer der Umstände mehr. Ich fühlte mich wieder in der Macht, alles kreieren zu können, was ich möchte – wenn ich weiterhin der Intuition und dem Herzen folgte, anstatt den Begrenzungen meines Verstandes.

Wenn du dich für deine Intuition und dein Herz entscheidest, dann bist du sicher. Du wirst diese Sicherheit und Leichtigkeit in deinem ganzen System spüren. Du weißt, dass du das Richtige tust. Du spürst es einfach.

Als ich am Uluru stand, spürte ich ganz plötzliches Urvertrauen und Sicherheit. Ich entschied mich dazu, allein drumherum zu laufen. Somit hatte ich all die Zeit und Ruhe, die ich haben wollte.

Ich hatte sogar die Zeit, am Uluru zu meditieren und einfach nur zu sein. Es ist sehr schwer in Worte zu fassen, was dort geschah. Es machte sich Zeitlosigkeit breit, und ein Gefühl von Unendlichkeit kam in mir hoch. Der Verstand kann eben nicht alles begreifen.

> Alles ist viel größer und gigantischer, als wir es uns vorstellen können. Es gibt auch nichts, worüber wir uns Sorgen machen müssen. Habe Urvertrauen und glaube an die Sicherheit, dass du immer unterstützt und getragen wirst.

Manchmal sind wir in unseren Problemen und unserem Mikrokosmos so gefangen, dass wir das größere Bild vergessen oder nicht wahrnehmen können. Wir sind Teil der Schöpfung. Wir sind Teil des Kosmos. Was kann uns schon passieren?

Und um auf die Boots von Jory zurückzukommen:

Ein Jahr, nachdem ich die Schuhe gekauft hatte, wusste ich, warum ich diese Schuhe unbedingt hatte haben wollen. Jory lebte auch im Outback von Australien und erzählte mir damals, dass er mit den Boots durch das Zentrum von Australien gelaufen sei. War die Verbindung zu dem spirituellen Herzen dieses Landes so extrem, dass ich es selbst anhand seiner Schuhe spüren konnte?

Deiner Intuition zu folgen, hat eine ganze Menge mit Selbstliebe zu tun. Denn du vertraust dir und deiner inneren Stimme.

»Die ursprüngliche Weisheit ist Intuition, während alles spätere Wissen angelernt ist.«
Ralph W. Emerson

Verbinde dich wieder mit deinem Inneren

Viele von uns verlieren den Zugang zu der eigenen Intuition. Uns wird beigebracht, für alles unseren Verstand zu nutzen, nur entfernen wir uns damit immer weiter von unserer wahren Natur.

Glaube an die Magie! Der Verstand muss es nicht auf Anhieb verstehen. Du kannst glauben, dass alles nur Zufälle in deinem Leben sind, oder selbst entscheiden, dass es nicht so ist. Du gibst deinem Leben dadurch viel mehr Sinn und hast mehr Macht darüber zu entscheiden, welche Ereignisse warum passieren.

Für mich fühlt es sich machtlos an, alles Zufällen zu überlassen und zu glauben, dass hinter nichts ein wahrer Sinn oder eine Nachricht steckt. Ich habe den direkten Vergleich erlebt.

Vor Jahren entschied ich mich dazu, meiner inneren Stimme zu folgen, was purer Magie glich. Dann war ich zwei Jahre lang in einer Beziehung, in der ich immer wieder Zeichen bekam, dass vieles grundlegend falsch lief. Meine Intuition schrie regelrecht. Doch während der Gespräche mit meinem damaligen Partner machte er mir immer klar, dass meine Intuition falsch war. Ab irgendeinem Punkt glaubte ich ihm und verlor den Zugang zu meinem Inneren. Ich konnte die Enttäuschung in meinem ganzen System spüren. Die Enttäuschung darüber, meine eigene Macht zu hinterfragen und letztlich auch abzugeben.

Nachdem ich Schluss gemacht hatte, dauerte es ungefähr ein bis zwei Monate, bis ich meine Intuition wieder spüren konnte. Erst kam die Stimme ganz leise und nicht zu oft zurück, und nachdem ich ihr wieder Vertrauen schenkte, wurde sie lauter und stärker. Und ich damit auch.

Es können auch Freunde, die Familie oder andere Menschen in deinem Umfeld sein, die dir das Gefühl geben, dass du deiner Intuition nicht trauen kannst. Glaube erst dir selbst, bevor du anderen glaubst.

> Du weißt, wer du bist, und wenn dir deine Intuition Zeichen gibt oder mit dir spricht, dann ignoriere es nicht.

Intuition und Selbstwert

Deine Intuition hängt stark mit der Liebe zu dir selbst zusammen, mit dem Wert, den du dir gibst. Vertraust du deiner Intuition, vertraust du dir selbst und gibst dir selbst auch Wert. Hast du einen geringen Selbstwert, wirst du auch an deiner

Intuition zweifeln. Wer bist du schon, dass du die richtigen und nötigen Informationen in dir trägst?

Wenn du aber spürst, dass du schon alles in dir hast, wird die Stimme der Intuition unüberhörbar sein. Und du kannst dieser Stimme vertrauen, denn sie täuscht sich nicht.

Zeiten, in denen ich meine eigene Intuition angezweifelt habe, waren die schlimmsten für mich. Ich habe mich klein gemacht und mir selbst nicht mehr vertraut. Mein ganzes Leben machte den Anschein, auseinanderzufallen.

Wenn du aber deiner Intuition traust, schickst du automatisch die Information hinaus, dass du mächtig genug bist, deine eigenen Entscheidungen zu treffen, dich selbst zu heilen, deinen eigenen Weg zu gehen – und dass du deine Superkräfte auch nutzt und diese nicht anzweifelst.

Wie du deine Intuition stärken kannst

Ich denke, dass der wichtigste Punkt der ist, dass du dir selbst vertraust und dir die Macht eingestehst, über dein Leben bestimmen zu können. Wenn dir deine Intuition etwas sagt, dann glaube es, und handle auch so. Du wirst schnell die Bestätigung und Belohnung dafür erhalten. Auch wenn Angst in dir hochkommen sollte, entscheide dich dazu, stärker zu sein. Dein Herz, deine Intuition und Liebe sind viel stärker als das Gefühl von Angst. Es gibt Praktiken, mit denen du nachhelfen kannst, deine Intuition wieder wahrzunehmen. Bei mir funktionieren folgende Dinge am besten:

Yoga
Yoga bringt mich ganz schnell wieder auf den richtigen Weg. Dadurch, dass Körper und Geist miteinander in Einklang gebracht werden, ich tief in meinen Bauch atme, kann ich komplett runterfahren und oftmals auch Emotionen in dem Yogastudio

lassen. Ich verlasse so gut wie jede Yogastunde viel klarer und leichter.

Meditation

Egal ob im Sitzen oder während eines Spaziergangs: Gönne dir täglich ein paar Minuten, in denen du deine Augen schließt und deinen Geist zu Ruhe kommen lässt. Du schaffst dadurch Platz für Wundervolles.

Medienverzicht

Mich stresst Social Media vor dem Schlafengehen. Ich habe für mich entdeckt, dass es am besten ist, das Handy nach dem Aufstehen und vor dem Schlafengehen auszulassen. Genauso sieht es mit TV, Radio, Zeitungen usw. aus. Ich halte meinen Input so gering wie nur möglich, da es einen großen Einfluss auf mein Wohlbefinden hat.

Spaziergang

Ein Spaziergang kann Wunder bewirken. Als ich eines Abends extrem viel Lärm in meinem Kopf hatte, entschied ich mich dazu, solange spazieren zu gehen, bis der Lärm aufhörte. Ich lief und lief, achtete auf meinen Atem und war nach etwa zwanzig Minuten schon viel ruhiger. Bestenfalls machst du einen Spaziergang in der Natur. Sich mit der Natur zu verbinden ist wahrscheinlich die beste Möglichkeit von allen, um wieder etwas klarer zu werden. Nichts ist so mächtig und unterstützend wie Mutter Natur.

Schlaf

Ja, Schlaf ist eine meiner Lieblingsoptionen. Wenn wir nicht ausreichend Schlaf bekommen, sind wir empfindlicher und emotionaler. Vieles scheint schwerer. Ich habe manchmal Schwierigkeiten, einen klaren Kopf zu bewahren, wenn ich nicht ausgeschlafen bin. Wenn ich tagsüber mal müde bin und ich die

Möglichkeit habe, mich hinzulegen, dann tue ich das auch. 15 Minuten Mittagsschlaf können Wunder bewirken.

Sich von manipulativen Menschen fernhalten
Meiner Meinung nach der wichtigste Punkt von allen! Manipulative Menschen können dich massiv an dir selbst und an deiner Intuition zweifeln lassen. Sie sind wie mentale Parasiten, die viel negativen Einfluss auf dich haben können. Erkenne solche Menschen schnell, und verabschiede dich von ihnen. Sie können dein Leben ruinieren, wenn du es zulässt. Pass also bitte auf, wen du in dein Leben lässt.

Das sind meine Favoriten, um wieder Zugang zu meiner Intuition zu finden. Vielleicht funktioniert für dich aber etwas ganz anderes, wie Tee trinken und nichts machen, in die Badewanne legen oder malen. Alles, was den Verstand abschalten lässt, ist hierbei gefragt.

MANTRA

Ich vertraue dem Leben und meiner Intuition.
Ich weiß, dass ich geführt werde und alles zu meinem Besten geschieht.

Werde wieder lebendig
Ich sehe so viele Menschen mit unterdrücktem Lebenspotenzial. Es ist normal geworden, vieles zu unterdrücken: kindisch zu sein, zu viel Freude zu zeigen, laut zu sein, anders zu sein.

Wir sind hier auf der Welt, um lebendig zu sein, zu strahlen, ein Leben voller Leidenschaft zu führen.

Wir leben nicht, um zu arbeiten, Rechnungen zu bezahlen und vor dem Fernseher zu hängen.

Lebendig zu sein ist eine tägliche Entscheidung. Oder sogar eine Moment-zu-Moment-Entscheidung.

Entscheidest du dich dazu voll und ganz zu leben? Mit ganzem Herzen oder nur halbwegs und halbherzig?

Die meisten Menschen leben nicht wirklich. Sie existieren nur und sterben schleichend Tag für Tag.

Lebendig zu sein bedeutet, alle Gefühle zu erlauben und sie zu spüren.

Täglich aufzuwachen und dankbar für einen neuen Tag zu sein.

Deinen Körper zu bewegen.

Zu atmen.

Zu lieben.

Voll und ganz zu leben, bedeutet, dich dem Leben hinzugeben.

In diesen Moment.

In diesem Leben.

Wenn du dich liebst, dann wirst du auch wieder lebendig.

Denn es gibt so viel zu erleben, zu fühlen, zu kreieren.

Das Leben ist so schön, wenn man es nicht unterdrückt.

Entscheide dich für die Liebe.

> Frage dich, was dich lebendig macht.
> Gehe raus und tue genau das.
> Denn wir brauchen mehr Menschen, die lebendig sind.

Wir sind Liebe

Ich spreche in dem Buch viel über Breathwork, über Atemtechniken. Warum tue ich das aber, und was hat es mit Liebe zu tun? Wie ich zu Beginn dieses Buches schon erwähnt habe, nahm ich vor einigen Jahren an einem Workshop in Thailand teil, der meine Sicht auf das Leben komplett veränderte.

Es fing alles an einem Montagmorgen mit 25 anderen Teilnehmern in einer Yogahalle auf Koh Phangan an. Wir alle saßen im Kreis, stellten uns kurz vor, und direkt danach ging es in die Tiefe, um mit den anderen eine Verbindung aufzubauen. In der Übung am Vormittag ging es um Psychologie und das Erkunden unserer Begrenzungen und Traumata. Am Nachmittag erlernten wir die erste Atemtechnik, die etwa eine Stunde dauerte und in mir nichts außer Müdigkeit auslöste. Ich muss auch ehrlich gestehen, dass mir erst bei Kursbeginn klar wurde, dass es bei diesem Workshop um Breathwork, also um Atemtechniken ging. Ich versuchte also, mich »freizuatmen«, aber es gelang mir nicht wirklich.

Der nächste Tag sah dann aber schon etwas anders aus. Während ich aktiv ein- und ausatmete, fing ich plötzlich an zu krampfen. Ich spürte auf einmal die Energie in meinem ganzen Körper. Meine Lippen, Hände und Füße waren verkrampft, und mein ganzer Körper kribbelte vor Energie. Aber es beunruhigte mich nicht, uns war vorher genau erklärt worden, was alles passieren konnte.

Ich war noch eine ganze Weile high, auch als ich wieder anfing, ganz normal zu atmen. Es dauerte bestimmt eine halbe Stunde, bis ich wieder komplett in dieser Welt und in meinem Körper angekommen war.

Was in den darauffolgenden Tagen geschah, lässt sich kaum in Worte fassen. Ich werde es aber dennoch versuchen.

Ich lag auf der Matte mit einem Kissen unter meinem Kopf und atmete tief und lang ein und kurz und entspannt aus. Nach kurzer Zeit spürte ich wieder die Energie durch meinen Körper fließen. Es kribbelte, und meine Hände und Lippen begannen erneut zu krampfen. Und dann fing ich einfach an zu weinen. Ich war nicht traurig, es waren einfach Tränen, die durch das Loslassen entstanden sind. Nach und nach kam ich in einen leichten Zustand, der mich meinen Körper vergessen ließ. Ich war woanders. Irgendwo voller Leichtigkeit und Liebe. Ich sah ein Auge, das sehr mächtig auf mich wirkte. Ich spürte bedingungsloses Liebe – und dass alles miteinander verbunden ist. Ich spürte, dass diese Stimme von einer sehr liebevollen höheren Macht kam. Ich weiß, dass viele nicht an Gott oder eine höhere Macht glauben, doch seit diesem Moment weiß ich für mich, dass es eine Kraft gibt, die über uns wacht und viel mächtiger und sanfter ist, als ich es mir jemals hätte vorstellen können.

Es ist egal, ob man sie als Energie, als das Universum oder als Gott bezeichnet – da ist etwas, das aus purer Liebe besteht, das uns unseren Weg zeigen möchte. Es steckt in jedem von uns. Und diese Erfahrung wird jedem eröffnet, der bereit ist, seine alten Muster und Begrenzungen hinter sich zu lassen. Alles verändert sich ab diesem Moment. Du öffnest eine Tür, die du nicht mehr schließen kannst oder möchtest.

Mir wurde klar: Wir alle sind miteinander verbunden, ob wir es wollen oder nicht. Egal, was jeder von uns tut, es hat einen unmittelbaren Einfluss auf andere. Nicht aus Liebe zu handeln, ist also auch rücksichtslos. Das klingt alles natürlich einfacher, als es manchmal ist. Dennoch sollten wir jedes Mal, wenn wir etwas tun, darüber nachdenken, ob dieses Handeln bei anderen und uns selbst etwas Gutes bewirkt oder ob es eher schadet.

Die darauffolgenden Stunden war ich high und konnte nicht in meinen Verstand zurückkehren. Ein Teil von mir lag noch auf der Matte, doch ich war schon woanders und war einfach nur ich. Ich – ohne Muster oder Begrenzungen. Es fühlte sich einfach unglaublich an. Es fühlte sich so an, als ob ich eine ganz wichtige Sache verstanden hätte. Zurück in meinem Zimmer konnte ich die ganze Nacht nicht schlafen, da ich voller Liebe und Energie war. Ich war so glücklich, doch mein Verstand konnte nicht so wirklich greifen, was da passiert war. Ich wusste plötzlich, dass all die Menschen recht hatten, die sagten: Alles ist Liebe. Ich kannte diese Aussage aus vielen Büchern, Artikeln und auch aus anderen Kunstformen. Aber es war für mich schwer zu begreifen, bis ich es selbst erlebt hatte.

Ab diesem Moment hat sich vieles für mich verändert. Es fühlte sich fast so an, als ob ich in eine andere Dimension katapultiert wurde. Anders kann ich dieses Gefühl gar nicht beschreiben.

Liebe siegt – immer!

Ich glaube, dass sich das Wichtigste im Leben weder aneignen noch durch Geld erlangen lässt, auch benötigen wir dazu keine besondere Bildung ... Das Wichtigste ist so simpel und so schwierig zugleich. Es ist für mich das, was ich während des Workshops in Thailand sehen und spüren durfte. Es ist das, worüber so viele schreiben und dafür vielleicht belächelt werden: Das Wichtigste ist die Liebe. Sie lässt alles heilen, lässt Hass verschwinden, Grenzen überwinden und lässt uns von innen heraus strahlen. Sie lässt das Unmögliche möglich werden. Liebe kann die Angst in uns besiegen und Frieden schaffen.

Was wäre, wenn es unsere Bestimmung ist, Liebe zu empfangen und diese Liebe weiterzugeben. Es geht darum, andere zu unterstützen. Egal auf welche Weise wir dies tun, wir sollten anderen zu ihrem Glück verhelfen, damit auch sie den Weg zurück zu sich selbst finden. Wenn wir uns selbst lieben, dann machen wir auch automatisch das, was wir lieben. Durch unser Beispiel können wir das Wachstum anderer anstoßen, indem andere sehen und spüren, was mit uns geschieht.

Das größte Geschenk, das wir anderen geben können, ist Liebe und Glück. Wie wir das tun, spielt dabei keine Rolle. Manchmal können es Kleinigkeiten sein, die für andere die Welt bedeuten. Lassen wir alle Normen unserer Gesellschaft hinter uns. Wir können uns jeden Tag für oder gegen uns entscheiden. Für oder gegen die Liebe.

Der Weg dahin kann holprig sein oder schwindelerregend wie bei einer Achterbahnfahrt. Langsam oder schnell. Es ist unser Weg, und er ist genauso individuell und perfekt, wie wir es sind.

Sei dabei authentisch

Es geht nicht darum, etwas Externes zu finden. Es geht unser Leben lang darum, uns selbst zu finden. Und da wir uns stetig verändern, ist dies eine Lebensaufgabe. Der freie Ausdruck in allen Lebensbereichen ist das Ziel. Dabei zu helfen, wo wir können, und authentisch zu bleiben.

Natürlich geht es auch um tiefe Verbindungen zu anderen. Zu Familienmitgliedern. Zu Freunden. Zu Fremden.

Es geht darum so zu leben, wie es sich unsere Seele wünscht, wir es ihr aber vielleicht noch nicht erlauben. Authentizität kommt Hand in Hand mit Liebe und Passion. All diese Dinge sind miteinander verbunden.

Was will dein inneres Kind?

Willst du wild und frei sein?

Willst du dich kreativ austoben?

Unser wahres Ich verlangt manchmal nach ganz einfachen Dingen, wie kochen zu lernen, zu tanzen oder unsere Freunde zu sehen. Wenn diese Wünsche unserem tiefsten Herzen entspringen, dann erhalten sie dadurch eine große Bedeutung. Sie lassen uns von innen heraus scheinen, sobald sie erfüllt werden.

Ich bin wilder und freier, als ich es mir manchmal eingestehen möchte. Für mich heißt es dann, mehr Zeit in der Natur zu verbringen, laut zu singen, zu tanzen, mich einfach nicht zu begrenzen. Der Drang, dies auszuleben, zeigt sich immer wieder, und wenn ich dem nicht nachgehe, vernachlässige ich mich selbst, werde unzufrieden und fühle mich nicht zu 100 Prozent anwesend. Es fühlt sich dann so an, als ob ein Teil von mir fehlen würde, den ich konstant zu unterdrücken versuche.

Dies frisst natürlich Energie, weil ich gegen mich selbst ankämpfe. Diesen Kampf kann ich nicht gewinnen und will es auch gar nicht. Wenn wir authentisch und glücklich sind, dann trauen sich die Menschen um uns herum auch, ihr wahres Ich zu zeigen. Und wir brauchen mehr authentische Menschen, die sich nicht anpassen wollen. Menschen, die wissen, dass alles andere sinnlos ist, dass es einfach nicht echt ist. Und alles, was nicht echt ist und nicht vom Herzen kommt, hält uns klein.

Zeigen wir uns also. Seien wir sanft zu uns selbst, und erlauben wir unserem wahren Ich, zum Vorschein zu kommen.

> Authentizität kommt aus dem Herzen.
> Ohne zu urteilen.
> Ohne sich zu begrenzen.
> Authentizität ist die wahre Freiheit.
> Authentizität ist Liebe.

Erinnere dich, wer du bist

Bei all der Verrücktheit unserer Gesellschaft vergessen wir manchmal, weshalb wir hier sind. Wir vergessen unsere wahre

Essenz. Wir vergessen unser Herz und lassen uns nur von unserem Verstand lenken. Wir geben unserem Intellekt mehr Gewicht als unserem Gefühl. Dabei ist unser Gefühl oft viel klüger und zudem in der Lage, uns auf den richtigen Weg zu führen. Unser Gefühl hilft uns dabei, zwischen dem zu unterscheiden, was gut und was schlecht für uns ist.

Es ist dieses Gefühl, das uns ganz plötzlich überkommt und sich sanft oder aber auch mächtig zeigen kann. Es kommt mit Gänsehaut, Tränen oder Energieschüben daher. Es gibt uns das Gefühl, mit etwas Größerem verbunden zu sein. Und das sind wir auch in diesem Moment. Um genau dieses Gefühl geht es mir hier.

Wir wissen, dass es mehr gibt, als unser Verstand erfassen kann. Und wir wissen, dass wir konstant geführt werden, wenn wir es zulassen.

Das Leben will einfach nur gelebt werden

Wir machen uns das Leben oft nur unnötig schwer, obwohl die wahre Essenz so einfach ist. Zu einfach für unseren Verstand. Zu schön und zu leicht für unsere masochistische Seite, die gern leiden möchte. Zu simpel für einen Teil von uns, der immer nach Herausforderungen sucht. Dabei kann es so einfach sein – und so wunderschön! Du öffnest eine Tür, die du nicht mehr schließen kannst. Du hast etwas sehr Wichtiges verstanden, das dir keiner mehr nehmen kann. Lasse Altes hinter dir.

Der Philosoph Alan Watt sagte einmal, das Leben ist wie ein Tanz. Recht hat er damit!

Das Universum ist spielerisch. Es muss nirgendwo hin, um irgendwo anzukommen. Es existiert genau dort, wo es sein soll. Genauso wie wir.

Wenn wir reisen, versuchen wir, irgendwo anzukommen. In der Musik ist das völlig anders. Hier warten wir nicht auf die finale Sekunde des Liedes. Sonst wären die erfolgreichsten

Lieder die, die am schnellsten wieder zu Ende sind. Ein Lied von 30 Sekunden wäre dann besser als eins, das vier Minuten dauert. Menschen würden dann nur noch die letzten Sekunden des Liedes hören, da es nur um das Ende ginge.

Wenn wir tanzen, dann tanzen wir nicht, um in einer bestimmten Ecke des Raumes anzukommen, sondern einfach, um zu tanzen. Und so ist es auch mit der Musik. Wir hören ein Lied, weil wir es mögen und weil wir es hören wollen.

Das Leben will also getanzt werden. Doch wir nehmen es oft nicht so. Stattdessen haben wir den Eindruck, dass es darum geht, verschiedene Lebensstufen zu erreichen und abzuarbeiten. Begonnen mit dem Kindergarten über die Grundschule und weiterführende Schule und dann am besten bis hin zum Studium.

Viele arbeiten schon Jahre zuvor darauf hin, endlich im Hörsaal zu sitzen und eine vernünftige Ausbildung zu erhalten. Wer nicht studiert, macht eine Ausbildung, die auf das Berufsleben vorbereitet. Nach dem Studium oder der Ausbildung geht es dann raus in die Arbeitswelt.

Und auch da gibt es immer irgendetwas, worauf wir hinarbeiten müssen. Eins nach dem anderen. Haben wir die Beförderung oder Gehaltserhöhung in der Tasche, geht es weiter und weiter und weiter. Nur komischerweise fühlt es sich nicht anders an als zuvor. Man hat alles, was man wollte und ist noch immer nicht glücklich. Nur etwas gealtert.

Das Leben ist keine Reise, die uns irgendwohin bringt. Immer und immer wieder. Abschlüsse, Erfolg, Hochzeiten, die Rente oder vielleicht sogar der Himmel nach dem Tod. Es geht aber im Leben nicht darum, die letzten Sekunden zu genießen.

> Das ganze Leben ist ein Tanz. Wir müssen tanzen, solange die Musik spielt. Lasse deinen Tanz eine Liebeserklärung an das Leben sein. Liebe den ganzen Tanz, und lass dich voll und ganz darauf ein.

Der Übergang von Liebe zu Macht

Wir haben über Angst gesprochen und darüber, was dich gefangen hält.

Wir haben über Liebe gesprochen, die dir Vertrauen in dich, das Leben und das Universum schenkt.

Und nun ist es an der Zeit, etwas damit zu machen.

Im nächsten Kapitel geht es darum, dass du ins Tun kommst und dir deine eigene Macht, deine Power eingestehst. Wenn du aus dem Gefühl der Liebe heraus handelst, dann eröffnen sich neue Möglichkeiten und Wege für dich.

Mit Liebe kommt Freiheit. Und mit Freiheit kommt Verantwortung. Verantwortung für deine Handlungen.

Du hast die Macht über dein Leben.

Du entscheidest selbst, wer du bist und was du machst.

Das erfordert Aktion.

Und Liebe gepaart mit Aktion kann wundervolle Ergebnisse hervorbringen.

> Erinnere dich an deine eigene Macht.
> An deine Kraft und Möglichkeiten.
> An die Liebe, die durch dich hindurchströmt.

Teil 3
Macht

Intro – Lasse Macht in dein Leben einkehren

Macht kommt in dein Leben, wenn du aus dem Herzen heraus handelst, Lebensenergie durch dich hindurchströmt und du weißt, dass du eine Mission auf diesem Planeten hast.

Du hast bis jetzt viele Dinge hinter dir gelassen, die dich kleingehalten und dir deine Energie und Lebenslust geraubt haben. Du sagst klar Ja zum Leben und triffst Entscheidungen, die zu deinem Besten sind. Du stehst voll und ganz zu dir und deinen Entscheidungen.

Viele von uns sind sich über ihre eigene Macht nicht im Klaren. Was ist Macht überhaupt?

Für viele ist es eine Jobposition, die man sich erarbeitet, materieller Reichtum, ein Status.

Für mich ist es etwas ganz anderes.

Es ist das Herz, das dir sagt, dass du nach innen gehen musst und die Macht beanspruchen sollst, die du in dir trägst, wenn du deine Souveränität anerkennst. Diese Macht hat ein demütiges Herz. Es ist mutig, es vertraut.

Erinnere dich an das Licht, das du bist. Verankere deine Kraft tief in dir.

Erinnere dich daran, wie frei du in Wirklichkeit sein darfst.

Du hast die Macht und auch die Wahl.

»Sag Ja zu deiner Lebensenergie.

Sie lässt dich voll und ganz erwecken, dein Potenzial erkennen und deine Macht spüren.«

Mit jedem Atemzug erschaffen wir gemeinsam eine neue Realität.
Wir alle sind Schöpfer unseres Schicksals.
Lerne und wachse.
Ehre, nähre und fließe.

Umarme deine eigene Power und werde frei!

Gestehe dir deine Macht ein

Vor meiner Unterkunft an der Gold Coast treffe ich eine Nachbarin und die Managerin des Apartment-Komplexes und komme mit beiden ins Gespräch. Nach ein wenig Small Talk fragt mich die Nachbarin, wann ich mit meiner Farmarbeit beginne. Ich wundere mich im ersten Moment über die Frage, die eigentlich logisch ist, da die meisten Backpacker in Australien auch Farmarbeit leisten. Jedoch bin nicht mit dem Rucksack unterwegs und arbeite zu dem Zeitpunkt auch nicht.

Ich beantworte die Frage mit einem »Nein« und dass ich keine Farmarbeit hier leisten werde.

Danach kommt die Frage, was ich denn dann mache. Ich erzähle, dass ich einen Blog führe und Bücher schreibe. Daraufhin kommt ein »Aha« und wieder die Frage, wann ich denn nun meine Farmarbeit erledigen würde.

Ich frage mich, ob der Inhalt meiner Antwort nicht ankam oder ob er zu unrealistisch erschien, und beende die Unterhaltung.

Danach gehe ich spazieren und denke darüber nach, was da gerade passiert ist. Mir wird wieder klar, dass wir alle in einer unterschiedlichen Realität leben. Für manche ist die Realität unbegrenzt und für andere sehr begrenzt. Manche nehmen die Magie wahr, andere nicht. Mit einer erweiterten Realität und Wahrnehmung lebt es sich auf jeden Fall grenzenloser.

Erschaffe deine eigene Realität

Es ist schon verrückt, wie unterschiedlich wir alle das Leben wahrnehmen. Ich hab schon Menschen getroffen, die alles als Spiel empfinden und nach dem Motto »Du kommst hier eh nicht lebend wieder raus« agieren. Diese Menschen haben unglaublich viel Spaß und nehmen das Leben einfach nicht allzu ernst.

Dann gibt es Menschen, die regelrecht durchs Leben geführt werden. Sie nehmen Impulse wahr, sind sehr intuitiv, arbeiten gern an sich selbst und ihrer Einstellung, nehmen Herausforderungen als Wachstum und Möglichkeit wahr.

Und dann gibt es noch die Gruppe von Menschen, die der Meinung ist, dass das Leben gegen sie arbeite. Alles sei schwer und unfair. Der Chef sei scheiße, der Job mache keinen Spaß, die Beziehung sei so lala. Neid ist ein konstanter Begleiter, denn nur die anderen können so leben, wie sie wollen. Alle sind schuld, nur nicht sie selbst. Und dann gibt's da noch 100 andere Gruppen, die auch nach bestimmen Schemata leben.

Natürlich ist es nicht allzu klug, Menschen in Gruppen zu unterteilen, denn letzten Endes befindet sich jeder mal in irgendeiner dieser »Gruppen«. Es können auch einfach Lebensphasen sein, die einen in ein Schema pressen, nach dem man zeitweise handelt – Studierende, Mütter, Manager, Opas etc.

Was dabei aber sehr interessant ist, ist, dass es sich um komplett unterschiedliche Realitäten handelt.

Jeder lebt einfach nach seiner eigenen Wahrheit und entscheidet dabei, ob es die schöne oder hässliche Realität sein soll.

> Wenn du dich für die Liebe entschieden hast, dann wirst du dir eine wundervolle und grenzenlose Realität kreieren.

Wähle deine Realität sorgfältig

Ich war während meines Studiums und der Ausbildung nur am Jammern. Jeder war schuld daran, dass ich nicht glücklich war, nur ich selbst nicht. Einfach nur unglaublich viel »Mimimi«.

Ich hatte zu dieser Zeit die Macht über mein Leben verloren, denn ich hatte vergessen, dass ich so gut wie alles selbst lenken kann. Es war meine Entscheidung, eine Ausbildung zu machen. Es war meine Entscheidung zu studieren. Und es war auch meine Entscheidung, erst nach Jahren etwas zu ändern. Vorher hatte ich einfach nicht den »Arsch in der Hose« gehabt.

Jahre später, nachdem ich viel in meinem Leben aufgeräumt und darauf geachtet hatte, was ich denke und wie ich handle, ist vieles anders geworden. Und es war tatsächlich eine vollkommen neue Realität. Ich fühlte mich leicht, geführt, geliebt und erfolgreich.

> Es ist egal, was es ist: Du bestimmst, wie du auf das Leben reagierst und was du daraus machst. Es liegt in deiner Hand. Es ist deine persönliche Macht über dein Leben.

Tragische Ereignisse können dich wachsen lassen. Krankheiten dir beibringen, besser mit deiner Seele und deinem Körper umzugehen. Unzufriedenheit im Job kann dir zeigen, was du wirklich machen willst. Eine schlechte Beziehung könnte deutlich machen, auf was du wirklich wert legst, und dich zurück zu mehr Selbstliebe führen. Es liegt in deinen Händen und du allein hast die Macht, über dein Leben zu entscheiden.

Die eigene Realität im Alltag
Aber auch in alltäglichen Situationen wählen wir unbewusst, was wir wahrnehmen und was nicht. Es können sich zwei Personen in der exakt selben Situation wiederfinden, und der eine wird die schönen Dinge wahrnehmen und der andere die hässlichen.

Ich saß mal in Kuala Lumpur am Flughafen und konnte den Flug nach Australien nicht antreten. In dem Moment hatte ich die Wahl: Entweder war ich super traurig, da ich nicht in mein Lieblingsland reisen konnte und das Geld fürs Ticket flöten gegangen war, oder ich hoffte, dass das Leben gerade etwas Besseres für mich bereithielt. Und Letzteres traf auch ein. Ich war noch sehr oft dankbar, dass es an diesem Tag nicht nach Australien gegangen war.

Es gibt auch Phasen, in denen es nicht um solche Luxusprobleme geht. Auch da versuche ich, optimistisch zu bleiben und die Nachricht hinter den Geschehnissen zu erkennen. Denn jedes Mal gibt es etwas zu lernen.

Man kann sich über so viele Dinge täglich aufregen und nur das Schlechte sehen, oder aber man tut genau das Gegenteil. Ich kann auch entspannt bleiben und die schönen Dinge wahrnehmen. Denn es ist nur unsere Wahrnehmung, die uns Gefühle spüren lässt. Sonst nichts.

Es ist möglich, sich für eine andere Realität zu entscheiden. Ich habe es selbst erlebt. Mir ging es damals wirklich nicht gut, doch habe ich ab einem Punkt entschieden, dass es so nicht weitergehen durfte. Und damit veränderte sich mein ganzes Leben! Ich entschied mich dazu, meine Macht zurückzuholen.

MANTRA

Ich habe die Macht über mein Leben.
Ich kreiere mir ein Leben nach meinen Vorstellungen.

Lebe in Fülle

Wir leben in einer Gesellschaft, in der nichts schnell genug gehen kann oder wir nie genug haben. Es soll immer schneller gehen, und wir wollen immer mehr haben. Doch durch das Gefühl des Mangels kommt noch mehr Mangel.

In Zeiten, in denen ich mich am besten gefühlt habe, lebte ich in Fülle. Ich war gesund, fit, es wanderte genug Geld auf mein Konto, um das machen zu können, was ich wollte. Ich genoss wundervolle Freundschaften, und es fehlte allgemein einfach an nichts.

Ich konnte Fülle spüren und war sehr dankbar dafür. Es war alles da, was ich brauchte.

Hatte ich eine Million Euro auf meinem Konto? Nein.

Hatte ich ein fettes Auto? Nein.

Zu diesen Zeiten lebte ich in einem Hostel in Chiang Mai, aß jeden Tag Street Food und verbrachte Zeit mit den wundervollsten Menschen, die man sich vorstellen kann. Mir fehlte es an nichts, da die Fülle von innen kam und ich diese nicht im Außen suchte.

Wie wäre es, Mangel in Fülle umzuwandeln?

Es gibt so viele Dinge, für die wir dankbar sein können. Wir könnten zufrieden leben, wenn wir einfach mal bewusst wahrnehmen würden, was wir alles um uns herum haben. Freundschaften, Familie, sauberes Trinkwasser (je nachdem, wo wir gerade sind), Elektrizität, ein Bett, das Geld, das du hattest, um dieses Buch zu kaufen, den Computer oder das Smartphone, medizinische Versorgung, Bildung. Die Liste könnte ellenlang sein. Wir haben mehr als genug, doch sucht unser Verstand immer nach noch mehr.

»Wenn ich genug Geld habe, dann nehme ich mir eine Auszeit.«

»Wenn ich den Job erledigt habe, dann gönne ich mir etwas.«

Alles wird auf später vertagt, und nie reicht das, was wir haben, im gegenwärtigen Moment aus. Und genau das nimmt uns die Macht über unser Leben. Wenn wir glauben, nicht genug zu haben, dann fehlt es uns an Sicherheit. Oder besser gesagt glauben wir, dass es uns an Sicherheit fehlt.

Definiere Reichtum neu

Vergiss, was die meisten über Reichtum denken oder wie sie Reichtum definieren. Es geht nicht darum, ein dickes Auto zu fahren, ein großes Haus zu haben und eine Million Euro auf dem Konto zu horten.

Fang mit deinem Körper an. Während du das hier liest, passieren Millionen von Dinge in deinem Organismus – ganz von allein. Du kannst lesen, was bedeutet, dass du funktionierende Augen hast. Du atmest und kannst die Seiten umblättern.

Halte nicht alles für selbstverständlich. Sei nicht eine von diesen Personen, die für nichts dankbar sind und immer nach mehr suchen. Du wirst nicht mehr finden können, wenn du nicht für das dankbar bist, was du schon hast.

> Du bist wirklich reich, wenn du jeden Tag gern aufstehst und mehr oder weniger gesund bist. Wahrer Reichtum ist, wenn du ein positives Mindset hast, du nach deinen Bedingungen frei leben kannst, Familie und Freunde hast.

Ich kenne niemanden, der glücklich und zufrieden ist, nur weil er Geld hinterherjagt. Natürlich brauchen wir Geld, um die Miete zu zahlen, um Essen zu kaufen, um in den Urlaub zu fahren. Auch Bildung und Gesundheit können und dürfen kosten.

Wenn du dir aber ein gesundes Mindset aneignest, in Richtung deines Herzens lebst und die Fülle spüren kannst – auch wenn dein Bankkonto nicht überquillt –, dann ziehst du ganz automatisch mehr Fülle an. Und der nächste Schritt wäre dann, anderen zu helfen. Denn das ist genau das, was die meisten Menschen wirklich erfüllt, wenn der Fokus sich von »wie kann ich mehr haben« auf »wie kann ich anderen helfen« verlagert. Du bist in deiner Macht, wenn du den Mangel aufgelöst hast.

MANTRA

Ich habe alles, was ich brauche.
Ich bin glücklich und zufrieden und ziehe unendlich viel Fülle in mein Leben.

Verantwortung übernehmen

Seit über zehn Jahren zieht es mich immer wieder nach Australien. Mein Herz fängt an zu tanzen, und Tränen schießen mir in die Augen, wenn ich an diesen wunderschönen Kontinent denke. Es ist mein Sehnsuchtsland, und ich habe bisher keinen Ort gefunden, an dem ich mich besser fühle.

Es wäre jetzt einfach zu sagen, dass es an den freundlichen Menschen und der atemberaubenden Natur liegt. Sicherlich sind das auch Gründe, die für Australien sprechen. Wenn ich mir aber erlaube, tiefer zu gehen, dann kommen die wahren Gründe auf.

Ich kann es nicht leugnen, eine emotionale Bindung zu Australien zu haben. Es liegen also tiefere Emotionen verborgen, die dazu führen, dass ich mich dort so wohlfühle. In Australien konnte ich nach einer sehr langen Zeit endlich wieder aufatmen – und leben. Etwas Leichtigkeit fand in meinen Alltag zurück.

In meiner Kindheit stritten sich meine Eltern viel, und ich verinnerlichte das Gefühl, für sie und ihre Probleme verantwortlich zu sein. Ich fühlte mich also immer so, als ob ich mit sehr viel Ballast durchs Leben lief. In Australien geschah es zum ersten Mal – durch die große räumliche Distanz –, dass ich weniger Verantwortung spürte. Dieses »Keine-Verantwortung-fühlen-Wollen« führte in den letzten zehn Jahren dazu, dass ich auch keine Verantwortung an mich heranlassen wollte. Das Gefühl, das ich mit Verantwortlichkeit in Verbindung brachte, war einfach zu schwer. Und wenn ich an Australien denke, dann kommen Emotionen auf, die Freiheit versprechen, pure Leichtigkeit. Es hat aber nichts mit dem Land an sich zu tun, sondern einfach mit dem Gefühl, das mir diese Zeit geschenkt hat.

Verantwortung genießen

Ich vermied es um jeden Preis, für etwas über längere Zeit Verantwortung zu übernehmen. Dadurch hielt ich mich aber klein. Denn viele Angebote, die ich in den letzten Jahren erhalten hatte, kamen mit einer gewissen Verbindlichkeit daher. Viele schöne Dinge haben mit Verantwortung zu tun. Für manch junge Menschen hat Verantwortung mit Miete zahlen, Pünktlichkeit oder Langeweile zu tun, sie kann sich aber auch ganz anders zeigen.

> Wenn du mehr und mehr in deine eigene Macht kommst, dann kommen auch viele Möglichkeiten und auch Verantwortung auf dich zu. Sag nicht Nein dazu, nur weil du Angst hast.

Sagen wir mal, du wärst gern Arzt, hast aber Angst vor der Verantwortung, die dieser Beruf mit sich bringt. Oder du bist selbstständig und würdest dich gern vergrößern, hast aber großen Respekt davor, Angestellte zu haben.

Verantwortung muss keine Bürde sein, sie kann leicht und schön sein. Ein herrliches Haus, in dem du sehr gern lebst, ist sicherlich eine Verantwortung, die aber doch mehr gibt, als sie nimmt. Kinder zu haben kann eine schöne Verantwortung sein, auf die du dich guten Gewissens einlassen kannst.

Wenn du Einfluss auf deine Mitmenschen haben willst, dann kommt das auch mit einer ordentlichen Portion Verantwortung daher. Du musst dir überlegen, was du mit der Welt teilst. Wofür du eintrittst und wofür nicht.

MANTRA

Verantwortung ist leicht und kann voll von Möglichkeiten sein.

Kenne deine Prioritäten

Die Parasiten, die ich mir auf Bali eingefangen hatte, nahmen meinen Körper viel mehr mit, als ich zunächst dachte. Ich wurde immer schwächer und nahm sehr schnell ab. Anstatt mich zu dem Zeitpunkt nur auf meine Gesundheit zu konzentrieren, arbeitete ich an meinem zweiten Buch, an dem Relaunch meiner Website und an den Dingen, die sowieso jeden Tag anstanden. Mein Körper litt ungemein, aber mein Verstand wollte viel erreichen. Meine Arbeit war und ist meine Leidenschaft – da war es schwer zu akzeptieren, dass ich mich zu dem Zeitpunkt einfach nicht in bester Verfassung befand. Ich hätte mich mehr um mich selbst kümmern müssen, anstatt motiviert zu arbeiten. Das Resultat daraus war, dass ich eineinhalb Jahre später noch immer nicht fit war. Ich habe keine sinnvollen Prioritäten gesetzt, sondern nur zwischendurch etwas für meine Gesundheit getan und diese anschließend wieder vernachlässigt.

Ich bin mit meinem Körper nicht schlecht umgegangen, auch habe ich durchaus gut gegessen. Ich habe meiner Gesundheit nur nicht die Aufmerksamkeit gewidmet, die sie zu dem Zeitpunkt verdient hatte. Dadurch verlängerte sich der ganze Prozess natürlich, was dazu führte, dass die Gesundheit *und* meine Selbstständigkeit darunter litten – ich hatte also nirgends gewonnen.

Als ich anfing, mich selbstständig zu machen, saß ich fast jeden Tag bis spät abends an meinem Laptop. Meine Zeit ging dafür drauf, anstatt mich nach der Arbeit zu amüsieren oder einfach nur zu entspannen. Dadurch, dass der Fokus klar ausgerichtet war, wusste ich, was zu tun war und was ich gerade einschränken musste. Ich habe weniger konsumiert, um Geld zu sparen. Auch habe ich meine Freunde nicht jeden Tag sehen oder jedes Wochenende etwas Tolles machen können. Ich hatte ein Ziel und benötigte dafür klare Entscheidungen.

Ich kann mich noch sehr gut daran erinnern, als ich das erste Mal als digitale Nomadin länger unterwegs war und Langkawi, eine Malaysianische Insel, besuchte. Die Insel soll wahnsinnig schön sein. Ich war dort, habe davon aber nichts mitbekommen. Ich saß eine Woche lang von morgens bis abends im Café und arbeitete an meinem Blog. Die Reisenden in meiner Unterkunft feierten jeden Abend und machten tagsüber Sightseeing. Irgendwie gehörte ich nicht dazu und wurde auch etwas traurig. Ich unterhielt mich in diesen Tagen mit einem Freund, der schon länger ortsunabhängig unterwegs war, und der meinte nur: »Eve, die müssen nach ein paar Wochen oder Monaten wieder nach Hause fliegen – du nicht.« Und genau das war der Punkt.

Inzwischen sind ein paar Jahre vergangen und ich kann sagen, dass es die richtige Entscheidung gewesen war. Ich musste einfach nicht jeden Tag alles mitnehmen, ich hatte Zeit und musste nicht nach ein paar Wochen abreisen. Es war mein ganz normaler Alltag, und ich war sehr dankbar dafür. Meine Realität war eben eine andere, und mein Fokus durfte bei meiner Arbeit sein, auch wenn ich an den schönsten Orten der Welt herumgondelte.

> Wenn du wichtige Entscheidungen triffst, wirst du meistens Kompromisse eingehen müssen. Du musst dir im Klaren sein, was dir wichtig ist und was für dich Priorität hat. Alles haben zu wollen und allem gleichzeitig hinterherzujagen, funktioniert nicht. Du gehst dann alles nur halbherzig an und machst nichts richtig.

Jeder muss Kompromisse eingehen

Du kennst doch sicherlich auch Menschen, die sich bei der Partnerwahl nicht entscheiden können. Sie halten sich alles offen, um bloß nicht die falsche Entscheidung zu treffen.

Jede Mensch mit Selbstwert wird sich von so einer Person distanzieren, da ihr die Unentschlossenheit regelrecht auf der Stirn geschrieben steht. Und ob für die Person mit den Entscheidungsschwierigkeiten dann noch der richtige Partner übrig bleibt, ist fraglich.

Oft sieht es beruflich genauso aus. Sagen wir, du machst dich gerade selbstständig und musst viel Zeit und Energie in deine neue Berufung investieren. Gleichzeitig würdest du gerade gern auf Weltreise gehen und etwas erleben. Natürlich besteht die Möglichkeit, beides miteinander zu kombinieren (aber eher selten ☺). In jedem Fall aber werden Genuss und Leichtigkeit während deiner Reise leiden, denn du hast ja auch jede Menge anderer Dinge im Kopf.

Auch wenn es um die Gesundheit geht, müssen wir Entscheidungen treffen. Sagen wir, du solltest dich momentan mehr ausruhen, keinen Alkohol trinken und dich gut ernähren, um wieder richtig fit zu werden. Gleichzeitig ist aber gerade Sommer, und es stehen viele Festivals oder Grillfeste an: wenig Schlaf, viele Drinks, fettes Fleisch und keine Ruhe.

Entscheide dich, was gerade Priorität hat. Willst du mehr Zeit in deine Beziehung investieren, in deine Familie, deine Gesundheit oder deine Selbstständigkeit?

Du musst Entscheidungen treffen. Ansonsten wirst du dir alle Türen offen halten und letztlich »auf dem Flur schlafen«.

Was ist wirklich momentan wichtig?

Wonach sehnt sich dein Herz?

In welchem Lebensbereich möchtest du vorankommen?

Mach dir eine Liste darüber, was du möchtest und was du dafür aufgeben musst.

Wenn du zum Beispiel auf deine Gesundheit achten möchtest, solltest du für dieses Jahr auf übertrieben viele Festivals und Partys verzichten. Und wenn du Geld für eine Reise sparen willst, wirst du deinen Konsum etwas einschränken müssen.

Hier ein Beispiel, wie du diese Liste für deine Zwecke aufbauen kannst:

Ich möchte ...
- mein eigenes Business aufbauen.
- gesundheitlich richtig fit sein.
- auswandern.

Ich muss dafür aufgeben ...
- jeden Abend nach dem Job zu faulenzen.
- schlecht zu essen, viel herumzusitzen.
- engen Kontakt zur Familie und alten Freunden zu halten.

_____   _____

_____   _____

_____   _____

Durch dieses Verschriftlichen hast du Klarheit und weißt genau, wo dein Fokus liegen sollte. Du erkennst, worauf du verzichten musst, um schneller ans Ziel zu kommen. Du vermeidest auch eine Menge Frustration.

Denn mit deutlichen Prioritäten kommen mehr Klarheit und ein sicherer Fokus – und somit auch mehr Macht über dein Denken und Tun.

Dein Leben ist Veränderung

Wenn ich auf mein Leben und meine Entscheidungen zurückblicke, sehe ich ganz klar, dass jede Entscheidung für Veränderung ganz plötzlich in mein Leben trat.

Meine Ausbildung habe ich geschmissen, als ich nicht mehr konnte. Zehn Monate lang hatte ich mich zuvor gequält und mich täglich hingeschleppt, bis ich langsam krank und immer demotivierter geworden war. Ich hatte mit dem Tagträumen angefangen und mir gewünscht, dass ich einen anderen Weg eingeschlagen hätte. Ich habe aber vorerst weitergemacht, bis ich einfach nicht mehr konnte und mich dazu entschloss, von einem auf dem anderen Tag zu kündigen. Meine Eltern und Freunde hatten mir davon abgeraten, da sie der Meinung gewesen waren, dass ich dann vollkommen verloren sei und ohne einen vernünftigen Job ganz unten angekommen wäre. Während ich kündigte, schossen mir die Tränen in die Augen. Tränen vor Erleichterung. Diese Entscheidung habe ich nie bereut.

Mit meinem Studium war es ähnlich. Vorher habe ich aber jahrelang darüber nachgedacht und mich zu überreden versucht, dass es das Richtige sei. Innerlich hatte ich aber immer gewusst, dass es nicht zu mir passte. Auch hier war ich krank geworden und hatte mich ausgelaugt gefühlt. Es war, als ob meine Seele mir mitzuteilen versuchte: »Hey, wach mal auf und erlebe Abenteuer. Mach das, was dir Spaß macht, und nicht, was die Gesellschaft dir vorgibt.« Nach Jahren schmiss ich dann das Studium, was mir unglaublich viel Last abnahm und mich wieder gesund werden ließ. Mein Herz war erleichtert.

Ich war jahrelang in einer toxischen Beziehung gefangen, die ich nicht verlassen wollte, da es natürlich auch gute Seiten gab. Ein Jahr lang habe ich fast jeden Tag darüber nachgedacht, meinen damaligen Partner zu verlassen. Es funktionierte einfach nicht mehr und tat weh. Es raubte mir meine Energie und nahm mir viel Lebensfreude. Auch hier wurde ich wieder krank (Überraschung!) und konnte kaum noch kreativ arbeiten. Es lief einfach nicht. Ich fühlte mich blockiert und hatte wieder einmal das Gefühl, innerlich zu sterben. Meine Lebensenergie floss nicht mehr. Eines Abends saßen wir zusammen, und er fragte mich, ob ich mir schon mal Gedanken über eine Arbeitsunfähigkeitsversicherung gemacht hätte. Ich scherzte daraufhin und sagte: »Vielleicht auch noch eine Lebensversicherung?«, aber seine Reaktion war ernst. Er war der Meinung, dass wir nach zwei Jahren Beziehung diese Themen abklären müssten; was in manchen Fällen vielleicht richtig ist. In diesem Moment war es aber einfach fehl am Platz.

Diese Frage triggerte in mir eine extreme Reaktion, und ich machte von jetzt auf gleich Schluss. Ich fing an zu weinen, und mein Körper regierte so massiv, wie ich es noch nie erlebt hatte.

Ich merkte in dem Moment, dass ich nicht einen einzigen Tag so weiterleben wollte. Es musste ein Ende haben. Sofort. Und das hatte es dann auch. Nach vielen On-Offs blieb ich jetzt stark und ging nicht mehr zu ihm zurück. Ich hatte mir meine Macht über mein Leben zurückgeholt.

Und all diese Entscheidungen, die sich lange angebahnt hatten und plötzlich gefällt wurden, waren richtig. Keine Entscheidung habe ich jemals bereut. Denn es waren Entscheidungen, die dein ganzes Leben verändern. Du entscheidest dich in dem Moment nämlich für dich.

Dein Leben kann sich von einem auf den anderen Moment komplett drehen. Wenn du diese eine wichtige Entscheidung triffst und auch dabeibleibst. Mit den richtigen Entscheidungen holst du jedes mal ein bisschen mehr Macht zurück in dein Leben.

Wenn sich ein neuer Weg schon lange in dir anbahnt, dann sei so mutig, und gehe den ersten Schritt. Triff die Entscheidung, die alles verändern kann und auch wird. Entscheide dich für dich und dein Leben aus Selbstliebe heraus. Du wirst sehen, wie sehr sich dein Herz darüber freuen wird. Es wird tanzen vor Glück, nur weil du dir endlich mehr wert bist und weißt, dass du weitaus mehr verdient hast und auch viel mehr kannst.

Bringe den Stein ins Rollen

Meine größten Entscheidungen waren:
- nach Kapstadt zu fliegen,
- mein Studium abzubrechen,
- in Australien zu leben,
- mit Yoga anzufangen,
- eine ungesunde Beziehung zu beenden und
- meine eigenen ungesunden Muster zu erkennen und daran zu arbeiten.

Als ich allein nach Kapstadt flog, um dort eine Freundin zu besuchen, lernte ich eine komplett neue Welt kennen. Ich wagte den Schritt aus einer scheinbar sicheren Welt und flog zum ersten Mal allein auf einen anderen Kontinent. Diese Entscheidung zeigte mir, dass ich viel stärker und abenteuerlustiger bin, als ich es glaubte. Es bestärkte mich in dem Glauben, dass das Leben voller Abenteuer und Magie ist. Dass es so viel mehr außerhalb unserer kleinen Box gibt und genau dort erst das Leben beginnt. Kapstadt hat mir die Augen geöffnet, meinen Horizont erweitert, mich wach gerüttelt und wieder lebendig fühlen lassen.

Eine weitere sehr wichtige Entscheidung war, mein damaliges Studium abzubrechen. Ich fühlte mich halb tot, war nicht inspiriert, gelangweilt und sah kein Sinn in dem, was ich tat. Ich führte es aber lang fort, um andere glücklich zu machen. Die Angst, verurteilt zu werden, war einfach zu groß. Ich hatte lange Zeit nicht den Mut, meinen eigenen Weg zu gehen. Jedoch wurde es irgendwann so unerträglich für mich, dass ich keine andere Möglichkeit mehr sah, als aufzuhören. Nach dieser Entscheidung ging es für mich nur noch bergauf. Ich fing an, wieder freier zu leben, eine schwere Last fiel von meinen Schultern.

Es gab plötzlich mehr Unsicherheit in meinem Leben, dafür aber auch viel mehr Glück. Ich entschied mich dazu, nicht mehr die Erwartungen anderer erfüllen zu wollen, sondern meinen eigenen Weg zu gehen. Selbstbestimmung, Freiheit und auch Selbstständigkeit waren Dinge, die ich in mein Leben einlud.

Die Zeit in Australien zeigte mir ein leichteres Leben. Ich wollte dort bleiben, hatte zu dem Zeitpunkt aber nicht die Möglichkeit. In Australien traf ich eine der wichtigsten Entscheidungen: Ich entschied mich für die Ortsunabhängigkeit.

Yoga … wie dankbar ich für Yoga bin. Jeder, der meinen Blog liest, weiß, dass ich ein großer Fan bin. Hätte ich gewusst, was es bedeutet, Yoga zu machen, hätte ich schon viel eher damit begonnen. Ich fing endlich an, meinen Körper wieder zu bewegen, die Energie konnte richtig fließen, Blockaden und Ängste konnten sich auflösen. Ich fing auch an, besser zu essen, lernte, meine Gedanken zu beobachten und ihnen nicht allzu großen Wert beizumessen. Meine Verbindung zu meiner Intuition wurde wieder klarer, und auch die Verbindung zu etwas Höheren als mir selbst war wieder präsent. Wie du dir vorstellen kannst, war Yoga eine lebensverändernde Entscheidung für mich.

Als ich zwei Jahre lang in einer ungesunden, aber sehr lehrreichen und leidenschaftlichen Beziehung war, ging es für mich bergab. Vieles funktionierte für mich nicht mehr, mein Flow war weg, mein Enthusiasmus nahm immer mehr ab, und gesundheitlich lief es ebenfalls schlecht. Ich entschied mich dazu, die Beziehung zu beenden, und nach und nach ging es bergauf. Es war wie ein neues Leben für mich.

Heute bedeutet Leben für mich, meine eigenen Handlungen und Reaktionen zu hinterfragen. Wenn mich etwas stört oder verletzt, sich unkomfortabel anfühlt, dann liegt es an mir. Was kann ich dann an der gegebenen Situation ändern? Es ist sicherlich nicht immer einfach, gibt mir aber mehr Macht über mein eigenes Leben. Denn ich bin nicht Opfer der Umstände.

Triff Entscheidungen, bei denen du weißt, dass du den Stein ins Rollen bringst. Entscheidungen, die schon längst überfällig sind und bei denen du die Signale ganz klar wahrnimmst. Habe keine Angst davor, sie zu treffen. Sie bringen dich in ein besseres Leben, zeigen dir, was du alles erreichen kannst, wenn du Abschiede zulässt und Neues einlädst.

Gehe noch heute den ersten Schritt, und triff eine wichtige Entscheidung, die schon längst überfällig ist.

Heute ist der _____ (Datum), und ich treffe folgende Entscheidung:

_____

_____

Handle wie ein Gewinner

Kennst du das auch, dass du dir die tollsten Vorhaben und Pläne ausmalst, euphorisch wirst und dir in dem Moment auch sicher bist, dass du dies umsetzen wirst. Oder vielleicht hast du auch schon einen genauen Plan, was du gern machen würdest oder in deinem Leben ändern willst. Aber irgendwie tut sich dann doch nichts. Vielleicht ist das Zögern mit Ausgaben, Mut, Loslassen oder schweren Entscheidungen verbunden. Dir fällt es nicht leicht, den ersten Schritt zu machen, denn egal, womit das Hinausschieben zu tun hat, den ersten Schritt musst du letztlich einfach TUN.

Träume umsetzen und was unser Verstand damit zu tun hat

Ich kenne es nur allzu gut, manchmal festzuhängen und nicht das zu tun, was ich tun möchte, weil ich mich in blöden Gedankenmustern wiederfinde. Doch weiß ich heute im Vergleich zu früher, wie ich diese Gedankenmuster auflösen kann. Typische Gedanken sind:

>Ich kann es mir nicht leisten.«
>Das traue ich mich nicht.«
>Ich weiß nicht, was nach dem ersten Schritt kommt.«
>Ich habe keinen richtigen Plan.«
>Ich kann mich nicht entscheiden, womit ich anfangen soll.«

Was steckt hinter diesen negativen Glaubenssätzen? Es ist die Angst zu versagen, die Angst davor, es könnte nicht funktionieren – lange gelernte Muster, die sich immer wieder zu bestätigen scheinen.

Ich suche also dann nicht nach Möglichkeiten, wie ich zusätzlich Geld verdienen kann, sondern glaube einfach »Ach, das ist zu teuer, ich mache es lieber nicht.« Bei mir ist es interessanterweise ganz oft folgendermaßen: Wenn ich mich für Dinge entschieden habe, die vorerst zu teuer waren, und ich ins Tun kam und einfach dem Leben vertraute, dann kamen die Möglichkeiten und das Geld wie von selbst in mein Leben.

Wenn der Mut mal fehlt, dann pushe ich mich. Denn fehlender Mut ist eine dumme Ausrede. Natürlich ist es erst unkomfortabel, denn Vorhaben oder Träume paaren sich oft mit Veränderungen. Unser Ego mag das natürlich manchmal nicht, doch wenn das Vorhaben ein Herzenswunsch ist, dann sollte man sich genug Selbstwert einräumen und es dennoch tun.

Dabei solltest du dir immer die Frage stellen: »Was ist, wenn ich es nicht tue?«. Und: »Wie fühle ich mich, wenn ich es tue?«

Es ist auch völlig in Ordnung, zunächst keinen Plan zu haben, wie man genau vorgeht. Wie so oft zeigt sich der nächste Schritt, wenn der erste gemacht wurde. Als ich wusste, dass ich einen Blog haben wollte, hatte ich absolut keine Ahnung, wie der Hase läuft. Auch heute stehe ich ab und zu vor Herausforderungen und muss immer wieder dazulernen. Aber das kommt alles ganz automatisch mit dem Tun. Wir müssen nicht von Anfang an wissen, was alles auf uns zukommt. Denn all das kann sich schnell ändern. Die Hauptsache ist nur, dass du anfängst.

Und dann ist da natürlich noch die Sache mit den Entscheidungen. X Dinge gleichzeitig zu machen, funktioniert nicht. Wenn ich zehn Punkte auf meiner Liste habe und mich nicht entscheiden kann, dann habe ich diese Punkte Wochen oder Monate später noch immer auf der Liste und bin frustriert. Beginne mit der Sache, die dein Herz will und nicht dein Verstand. Und bleib dabei, auch wenn es sich an manchen Tagen nicht so stimmig anfühlen mag.

> Jede Idee,
> jedes Vorhaben,
> jedes Versprechen und jeder Plan
> ... sind ohne die Tat nichts wert.

TUN und nicht auf ein Wunder warten

Wie oft möchtest du planen, hoffen und wünschen, aber nichts aktiv angehen?

Du musst ins Tun kommen, sonst kann sich auch nichts ändern. Es gibt keine magische Pille, die dir die Schritte abnimmt. Das Leben bietet dir aber immer wieder Möglichkeiten. Nimmst du sie wahr? Siehst du sie? Oder bist du dabei, dich selbst zu bemitleiden und bekommst noch nicht einmal mit, dass es immer wieder Möglichkeiten für dich gibt? Nimm die Scheuklappen ab, und sag Ja zu den Möglichkeiten.

Mach dir eine Liste mit all deinen Vorhaben, Abenteuern, Wünschen, Versprechen, Plänen und Träumen.

Schau, welche Punkte auf deiner Liste dein Herz höher schlagen lassen oder dir ein Lächeln ins Gesicht zaubern. Lass die anderen Punkte dann erst mal weg.

Und nun schreibe dir zu deinen favorisierten Punkten deine Vorgehensweise auf – eine Art Step-by-Step-Plan –, die dich näher an deine Träume oder Wünsche bringt. Fang mit dem Schritt an, den du dir ausgesucht hast. Und dann heißt es TUN, bis du da bist. Einen Schritt nach dem anderen.

Meine Träume und Pläne:

_____

_____

_____

_____

Das ist mir momentan am wichtigsten:

_____

_____

_____

_____

Diese Schritte werde ich gehen:

Step 1: _____

Step 2: _____

Step 3: _____

Step 4: _____

usw.

Du möchtest weniger tun?

In den letzten Monaten habe ich auch oft gehört, dass es schön wäre, einen Gang runterzuschalten. Das kann ich auch verstehen, jedoch muss man auch dafür erst ins Tun kommen, vieles umstrukturieren und das Leben anders ausrichten. Und vor allem Entscheidungen treffen. Also selbst das »Weniger-Tun« geht nicht ohne Aktion.

> Es fühlt sich so wundervoll an, sich für seine Wünsche und Träume einzusetzen. Dein Selbstwert wächst enorm, wenn du dich entscheidest, wenn du erkennst, dass du es wert bist und in deine Macht trittst.
> Mit deinen eigenen Handlungen bringst du immer mehr Macht und Selbstverantwortung in dein Leben.

Sei nicht passiv

Ich rede viel vom Visualisieren und Manifestieren, da ich ein großer Fan davon bin und es meistens auch funktioniert. Allerdings nur, wenn man handelt.

Ich höre und lese auch öfter einmal, dass man überall glücklich sein kann, jeden Job erfüllen und jeden heiraten kann, wenn man mit sich selbst zufrieden ist. Dies mag vielleicht stimmen, wenn man die Verkörperung Buddhas ist. Dann stört einen natürlich nichts mehr. Die Mücke in den Tropen hat dir Malaria in dein Leben gebracht: »So what, ich ruhe ja in mir selbst ...«

Ich finde diese passive Haltung zum Teil gefährlich. Und außerdem halte ich diese Ratschläge für bedenklich. Menschen, von denen ich solche Überzeugungen lese, leben in der Regel selbst in einem wunderschönen Apartment in einer Großstadt, halten sich in Südafrika, Kalifornien, Bali oder Frankreich ein nettes Wochenend- oder Ferienhäuschen und haben genug Geld für die meisten ihrer Wünsche. Und daran ist auch nichts auszusetzen. Es gilt nur, sich einzugestehen, dass das Umfeld eine große Rolle spielt. Die Freunde, die Familie, das Klima, die Infrastruktur, das allgemeine Wohlergehen der Gesellschaft. Denn natürlich ist es einfacher, an einem Ort glücklich zu sein, wo alle lachen. Wenn man in seiner geistigen Haltung so weit fortgeschritten ist, dass nichts mehr eine Rolle spielt, dann kann man natürlich überall und unter allen Umständen leben. Diesen Entwicklungsstand haben aber die meisten von uns noch nicht erreicht.

Die Menschen, die erzählen, dass »alles egal ist«, haben selbst so viel Feuer und Erfolgsdrang in sich, dass sie sich ihr Wunschleben schon erschaffen haben. Mit der Zeit stellt sich dann auch mehr Leichtigkeit und Vertrauen ein, und die Balance und das Wohlergehen lassen sich leichter halten.

Aber wenn du gerade ums Überleben kämpfst, nicht weißt, wie du nächsten Monat die Miete bezahlst oder andere Probleme im Hinblick auf deine Grundbedürfnissen hast, dann kann man natürlich nicht passiv sein und alles auf sich zukommen lassen.

Auch Mönche geben gute Ratschläge – sogar, was romantische Beziehungen betrifft –, aber sie leben ein völlig anderes Leben als die meisten von uns, in einer vollkommen anderen Welt.

Wann es Sinn macht, Ratschläge von anderen anzunehmen

Ich habe mit der Zeit gelernt zu filtern, von wem ich Ratschläge annehme und beherzige und von wem nicht.

Jeder bekommt täglich zig Ratschläge. Sei es in Bezug auf die Beziehung, den Job, die Selbstständigkeit, die Gesundheit und und und ...

Ich habe in meinem Leben auch schon unendlich viele Ratschläge erhalten – gebetene und ungebetene. Hilfreiche Ratschläge und weniger hilfreiche. Ich gebe dir letztendlich ja auch Ratschläge in diesem Buch. Und natürlich bleibt es dir überlassen, ob du sie für sinnvoll hältst oder nicht.

Gesundes Reflektieren halte ich für sehr, sehr wichtig. Ich würde niemals darüber schreiben, wie du dich am besten organisieren oder dein Auto selbst reparieren kannst. Von beidem hab ich keine Ahnung und sollte da auch besser meinen Mund halten und auch nicht dahingehend in die Tasten hauen.

> Ratschläge können hilfreich und wegweisend sein, jedoch solltest du aufpassen, wer sie dir gibt.

Erzählt dir jemand, dass deine Beziehung Mist ist und du mit deinem Partner Schluss machen solltest? Ist diese Person in einer glücklichen Beziehung? Kann diese Person aus eigenen Erfahrungen Ratschläge geben?

Möchtest du dich selbstständig machen und erhältst ganz viele kluge, aber demotivierenden Ratschläge von Menschen, die noch nie selbstständig waren? »Es ist sicher zu riskant. Die Idee scheint nicht gut genug.« Was macht die Person beruflich, die dir da »weiterhelfen« möchte? Ist sie in Sachen Job zufrieden?

Rät dir jemand von einer längeren Reise ab, weil es auf dem Lebenslauf nicht gut aussehen würde? Oder weil es zu gefährlich ist, die große weite Welt zu erforschen? Ist die Person selbst schon mal länger verreist? Kennt sie die Regionen, die du gern besuchen würdest? Oder hat die Person ihre Informationen aus dem Fernsehen?

Wenn dir jemand von etwas abrät, überlege, warum die Person es tut: Ist es zu riskant? Zu unrealistisch? Hat die Person selbst Angst vor genau dieser Sache?

»Lass keinen Mann sich erdreisten, anderen Rat zu geben, der nicht zuerst sich selbst Rat gegeben hat.«
Seneca

Die meisten Ratschläge beruhen leider auf dem Gefühl der Angst. Und mehr Angst brauchen wir sicherlich nicht in der

Gesellschaft und erst recht nicht in unserem Alltag. Natürlich sollte keiner blauäugig durchs Leben spazieren, doch sind Optimismus und ein Hauch Naivität gar nicht so schlecht. Ansonsten würde alles nur zerdacht und nie erlebt werden.

Natürlich machen sich die Menschen, die dich lieben, auch Sorgen um dich. Doch musst du selbst sehen, welche Sorgen berechtigt sind und welche nicht.

Als ich anfing zu bloggen, habe ich mich nur an Menschen orientiert, die es schon geschafft haben. Das ist ja sinnvoll: Diese Menschen müssen wissen, wie es funktioniert. Und so versuche ich es in allen Lebensbereichen. Ich höre mir gut gemeinte Ratschläge an, überlege danach aber, ob diese Person dort im Leben steht, wo ich gern wäre.

> Stell dir immer die Frage: Ist die Person da, wo ich sein möchte?
> Ist das nicht der Fall, dann ist es einfach nicht der richtige Ratschlag für dich!

Bequemlichkeit ist der Feind von Glück und Erfolg

Ich erhielt eine Nachricht von einer jungen Frau, die ich auf einer Tony-Robbins-Veranstaltung kennengelernt hatte. Es hatte sofort gepasst zwischen uns, wir waren auf demselben Level gewesen und wollten echte Veränderung in unserem Leben herbeiführen. Ich hatte bei ihr das Gefühl gehabt, dass es möglich sein könnte, Freundschaft und Motivation zusammenzubringen.

Der Plan war gewesen, sich nach der Veranstaltung einmal im Monat zu treffen. Wir wollten eine Mastermind-Gruppe bilden und über unsere Ideen und Pläne reden. Ein super Plan, der aber Aktion erforderte. Sie lebte in Brisbane und ich in

Byron Bay. Zwischen beiden Orten liegen zwei Stunden Autofahrt. Kein wirkliches Problem für mich, da ich in den letzten Jahren viel Bequemlichkeit hatte ablegen müssen.

Als sich bei ihr viel tat und sie ihre Erlebnisse und Durchbrüche mit mir teilen wollte, schickte sie mir also eine Nachricht und wollte sich mit mir treffen. Ich schlug die Mitte zwischen uns vor – die Gold Coast. Ihre Antwort war, dass es zu weit und umständlich wäre. Sie müsse eine Stunde fahren und außerdem seien die Spritpreise zu hoch. Sie wollte also, dass ich die zwei Stunden komplett bewältigte. Ich habe ihr höflich meine Meinung dazu gesagt, und es kam zu keinem Treffen.

Es ist mir schon so oft passiert, dass ich Menschen getroffen habe, die gern etwas machen würden, jedoch zu bequem sind. Die Wünsche, Pläne und Hoffnungen sind riesengroß, jedoch steht kein Antrieb dahinter. Es werden dann meistens irgendwelche Entschuldigungen gefunden, warum es im Moment einfach nicht geht. Entschuldigungen, um im der Komfortzone bleiben zu können. Veränderungen sollen dann nur durch die Wünsche herbeigezaubert werden ...

Wenn ich sehe, dass jemand noch nicht einmal kleine Opfer auf sich nimmt, wie die, sich eine Stunde ins Auto zu setzen, dann ist es mehr als offensichtlich, dass die Veränderung kein wirklicher Herzenswunsch ist. Denn wenn Veränderung überfällig ist, dann lässt man die Bequemlichkeit hinter sich. Veränderung ist niemals bequem, und das weiß unser Ego ganz genau und wird auch versuchen, dagegen anzukämpfen.

Wenn ich etwas will, dann setze ich mich auch in den Zug oder Flieger, auch wenn es nur für ein kurzes Treffen ist. Selbst als ich finanziell nicht so gut dastand, habe ich Möglichkeiten gefunden, die Menschen zu treffen, die ich treffen wollte.

Wenn ich etwas will, dann arbeite ich auch dafür, bis ich es habe. Es gibt die Option für mich nicht, jeden Abend Serien zu schauen, wenn ich ganz genau weiß, dass es meine Kreativität und meinen Tatendrang killt.

Wenn ich gerade nicht kreativ arbeite, dann gönne ich mir ab und zu so einen Abend – oder auch zwei. Aber das sind Phasen, in denen ich es mir einfach erlaube, runterzufahren und zu entspannen. Wenn mir aber etwas wirklich wichtig ist, dann lege ich meine Bequemlichkeit ab.

Es ist egal, ob es sich um meine Gesundheit handelt und ich mehr Sport treiben muss, einen Spezialisten aufsuchen sollte oder meine Ernährung verändern will. Ich tu es.

In einem erfüllten Job erfordert es auch Handlung, Mut, Wachstum und Kreativität. Mit Bequemlichkeit wirst du nicht sehr weit kommen.

»Freiheit stirbt mit Bequemlichkeit.«
Unbekannt

Auch Beziehungen und Freundschaften erfordern immer wieder Aktion, sonst rosten sie und werden monoton. Es ist wichtig, immer wieder etwas Schönes zu unternehmen und gemeinsam zu wachsen.

Wenn du etwas willst, dann fang an zu handeln. Wenn du es nicht tust, dann ist es einfach nicht wichtig genug. Es kann sich durch Nichtstun nichts ändern. Du wirst nicht stärker und erfüllter werden, wenn deine Handlungen dieselben bleiben und du Komfort über alles stellst. Wenn du aber etwas schaffst, was alles andere als komfortabel ist, wirst du merken, dass du dich nach jeder Handlung, die außerhalb deiner Komfortzone liegt, fantastisch fühlen wirst.

> Wenn du etwas willst, dann tu auch etwas dafür. Für die schönsten Dinge im Leben müssen wir Bequemlichkeit hinter uns lassen, das Herz öffnen und mutig sein. Denn zu viel Komfort und Bequemlichkeit killen die Lebensenergie.

Du bist so viel mächtiger, als du glaubst

Als ich mit Yoga anfing, habe ich bewundert, wie andere Yogis sich verrenken konnten. Ich meine, wenn man sich den Kopfstand oder andere fast schon akrobatische Posen anschaut, da kann einem ja fast schlecht werden! »Wie zur Hölle machen die das nur?«, dachte ich mir jedes Mal.

Wir bestimmen unsere Limits

Nachdem ich eine Weile Yoga praktiziert hatte und mich schon wieder der Mut verließ, den Kopfstand auszuprobieren, kam die Yogalehrerin zu mir und meinte nur: »Trau dich.« Ich dachte mir in diesem Moment nur »Nein, so gut bin ich noch nicht« und schüttelte einfach nur mit dem Kopf. Doch irgendwann später fasste ich mir ein Herz und probierte es aus. Und wider Erwarten war es gar nicht so schwer. Ab diesem Moment hat sich meine Einstellung geändert, und der Kopfstand wurde zu meiner Lieblingspose. Hallo, Ego!

Yoga ist ein perfektes Beispiel dafür, wie negative Gedanken uns manipulieren und kleinhalten können. Jede Yogastunde empfinde ich nämlich anders. Und genauso sieht es dann auch in meinem Kopf aus.

Genau das ist es, was wir in unserem Leben machen müssen. Es ist egal, wer wir sind oder wie alt sind, was wir erlebt haben und was uns andere Menschen einzureden versuchen. Wenn wir wissen, dass es keine Limitierung gibt, und wir dazu in der Lage sind, alte Denkmuster aufzulösen, dann können wir diese begrenzenden Gedanken hinter uns lassen. Sie sind nicht unser wahres Ich, sondern nur etwas über die Jahre und durch die Gesellschaft Antrainiertes.

Wir können all das schaffen, worauf wir unseren Fokus legen. Doch dann kommen andere Menschen und erzählen uns, dass dies oder jenes gar nicht möglich sei. Auch aus ihnen sprechen nur begrenzte Vorstellungen, die sie sich über Jahre antrainiert haben und die sie dann auf uns übertragen wollen. Doch so würden wir in dem Moment das Land der unendlichen Möglichkeiten verlassen und uns in Begrenzungen wiederfinden, die nicht für uns bestimmt sind.

Viele werden so erzogen, dass sie in die Gesellschaft passen: einfach das tun, was andere sagen, und der Masse folgen. Und so nimmt man all die falschen Ideen für sich an. Denn viele haben die Tendenz, anderen zu glauben und Dinge einfach nachzumachen.

Unsere Gesellschaft scheint uns vorzugeben, wer wir sind – durch das, was wir haben, was wir machen und was andere Menschen über uns denken. Doch auf diese Weise steht jeder für sich allein, getrennt von anderen und getrennt von unserem wahren Ich.

> Sind wir wirklich das, was wir besitzen: das Haus, das Diplom, die Klamotten, der Partner? Was passiert aber, wenn all die Dinge weg sind? Wer sind wir dann? Haben wir dann keine Werte mehr und wissen nicht, wer wir sind? Was ist, wenn wir in fünf Jahren nicht mehr das machen können, was wir heute machen? Existieren wir dann nicht mehr? Dann müssen wir uns neu erfinden und Ufer betreten, die wir nicht kennen. Unser Bewusstsein wird ausgedehnt, und die Karten werden neu gemischt.

Ich habe in den letzten Jahren so viele wundervolle Menschen getroffen und deren Geschichten gehört. Und ich habe festgestellt: Je weniger begrenzt sie waren, desto verrückter und farbenfroher war ihr Leben. Wenn wir Begrenzungen beiseitelegen, können wir kreieren, was auch immer wir wollen.

Anita, eine inzwischen gute Freundin von mir, hat all ihr Hab und Gut in Schottland verkauft, sich von ihrem langjährigen Partner getrennt und ist auf Weltreise gegangen. Auf unbestimmte Zeit. Ihr Leben war vorher nicht schlecht und ihre Beziehung war liebevoll, doch das Verlangen nach Freiheit war einfach größer. Inzwischen lebt sie auf Bali und bereut ihre Entscheidung nicht. Sie ist glücklich und macht das, was sie machen möchte.

Oder Tanja, die in Essen eine Yogaschule und Praxis für Psychotherapie besaß ... Sie hat sich entschieden, alles hinter sich zu lassen, um in die große, weite Welt zu ziehen. Inzwischen hat sie ein Onlinebusiness aufgebaut und lebt glücklich mit ihrem indonesischen Partner.

Ein extremes Beispiel ist Corame, der Bali, Thailand und Ibiza sein Zuhause nennt. Corame ist Ende sechzig und laut Pass niederländischer Staatsbürger. Er war in seinen jungen Jahren ein erfolgreicher Geschäftsmann und Millionär, der in Monaco lebte. Geld und Ruhm waren ihm sehr wichtig. Doch dann traf ihn das Schicksal hart, woraufhin er sich auf eine Art Sinnsuche begab. Sieben Jahre brauchte er für seinen Weg, der ihn in den Himalaya, nach Südostasien und Indien führte. Seitdem hat er es sich zur Aufgabe gemacht, diverse Hilfsorganisationen für Kinder zu unterstützen.

> Es ist ganz egal, was du machen möchtest oder wer du sein willst: Es ist möglich! Und wenn du diese Macht in dir spürst, wird dich auch nichts aufhalten können. Achte nur immer darauf, dass das, was du tust, auch von Herzen kommt.
>
> Was möchtest du schon seit längerer Zeit wagen, glaubst aber, dass es zu groß, zu verrückt oder unerreichbar ist?

Wie viel Macht hast du über dein Leben?

Seitdem ich angefangen habe, mehr zu reisen, hörte ich recht schnell von vielen Seiten, dass ich nicht lange so leben könnte. Nach einem Jahr sollte ich mir doch überlegen, wo ich mich niederlasse.

Ich habe jedes Mal erklärt, dass diese Entscheidung aktuell ganz allein bei mir liegt. Wenn ich spüre, dass es an der Zeit ist, mich niederzulassen, dann werde ich es auch tun. Ich werde es aber nicht tun, nur weil es andere mir sagen und es deren Realität entspricht.

Zwischendurch hatte ich schon mal das Gefühl, eine Basis, ein Zuhause haben zu wollen. Nach Monaten habe ich aber erkannt, dass es nur daran lag, dass ich vorher über eine längere Zeit krank gewesen war und mich Wohnortswechsel einfach nur stressen würden.

Beruflich durfte ich es auch schon oft hören, dass ich mir eines Tages einen normalen Job suchen solle … Zu bloggen und Bücher zu schreiben, ist für manche Menschen einfach fernab ihrer Realität. Auch habe ich neulich in Polen von einer Verwandten zu hören bekommen, dass ich eigentlich ja nur Urlaub mache. In ihrer Realität lassen sich Reisen und Arbeiten nicht miteinander vereinbaren, da es ist in ihrer Welt nicht möglich ist, auf diese Weise Geld zu verdienen.

War es früher möglich, online zu arbeiten? Nein.

War es so einfach und schnell möglich, in ein fernes Land zu fliegen? Nein.

Hatten unsere Vorfahren Handys und Laptops? Nein.

Hatten sie so eine gute medizinische Versorgung? Nein.

Hatten sie so schnell die Möglichkeit, an Informationen zu kommen? Nein.

Alles ist schneller und zugänglicher geworden.

Du willst einen Marathon laufen? Künstlerin werden? Dich beruflich umorientieren? Eine Weltreise mit deiner Familie machen? Auswandern in ein fernes Land? Ein bahnbrechendes

Produkt erschaffen? Nur vier Stunden in der Woche arbeiten? Du allein entscheidest, ob es möglich ist oder nicht!

Du bist so stark, wie du es sein möchtest
Ich kann mich noch sehr gut daran erinnern, wie ich früher darüber gemeckert habe, dass die Politik „Mist" ist, die ganzen Großkonzerne böse, unser Bildungswesen veraltet. Alles und jeder hatte zu viel negativen Einfluss auf mein eigenes Dasein. Einer meiner ersten Artikel, die ich geschrieben habe, lautete: »Fuck the System.« Das sollte genug über meine Wut aussagen.

Alles war blöd, und alle waren schuld an meiner Misere, nur nicht ich. Auch heute sehe ich Freunde oder Fremde, mit denen ich mich unterhalte, die genau dasselbe tun wie ich damals. Sie geben ihre eigene Macht ab. Sie glauben, dass andere Menschen, Überzeugungen oder Ratschläge ihr Dasein so sehr beeinflussen, dass ihr Leben nicht mehr in den eigenen Händen liegt.

Es kann der Chef sein, die Lehrer, der Vermieter, die Regierung, die Lebensmittelindustrie. Es können alle und alles sein, was uns mächtiger erscheint, als wir selbst uns empfinden.

Natürlich treffen andere Entscheidungen, die uns beeinflussen können. Jedoch ist es alleine unsere Sache, was wir daraus machen.

Wenn du entscheidest, dass du keine Macht über dein Leben hast, dann ist es auch so. Wenn du aber entscheidest, dass du der Chef über dein Leben bist, dann hast du das Recht dazu. Es ist deine Entscheidung. Und mit deiner Entscheidung kommen auch dementsprechende Handlungen.

Du bist niemandem hilflos ausgeliefert. Du hast jederzeit die Möglichkeit, deine eigene Entscheidung zu treffen. Es ist eine Illusion zu glauben, dass andere die Macht über dich und deinen Lebensweg haben.

Alles, was du glaubst, wird zu deiner Realität. Es wäre also das Klügste, was du tun kannst, dich für deine eigene Macht zu entscheiden. Du entscheidest, mit wem du dein Leben verbringst, welche Arbeit du ausübst, wo du lebst, was du täglich zu dir nimmst, was du mit deinem Geld machst, wer deine Freunde sind, was du mit deiner Freizeit anstellst, ob du dich und deinen Körper pflegst ... Alles liegt bei dir!

Wenn du mal in die Opferrolle verfallen solltest, erinnere dich immer wieder daran, dass du alles jederzeit ändern kannst. Die erste Entscheidung und Veränderung sind vielleicht schwer. Die zweite ist schon einfacher. Bis du dann merkst, dass das Leben wie ein Spiel sein kann und du jederzeit entscheiden kannst, was du möchtest und was nicht.

MANTRA

Ich bin der Schöpfer meiner Realität und meiner Möglichkeiten.
Ich entscheide mich für meine Macht und übernehme Verantwortung für mein Leben.

Hör auf, im Außen zu suchen

Es fängt mit Autos, Klamotten und anderen Gegenständen an. Zu finden ist diese »Außenorientierung« aber auch in Beziehungen und Freundschaften. Danach geht es weiter bei Heilern oder Psychologen.

Die Suche nach mehr. Die Suche nach dem Glück. Die Suche nach Erfüllung. Die Suche nach dem Gefühl der Vollständigkeit. Die Suche fängt meist sehr oberflächlich an, bis es eindeutig wird, dass da nichts zu finden ist. Denn normalerweise merkt man schnell, dass ein fettes Auto und ein dickes Bankkonto nicht zur wirklichen Erfüllung führen.

Dann kann die Suche auch beim Reisen ausarten. Es kann eine Form des Davonlaufens werden. Nicht jeder Reisende flieht, manche aber schon. Und das zeigt sich dann auch ganz schnell, da die Probleme überall hin mitgenommen werden: Nur durch mehr Sonne und das Meer sind sie nicht verschwunden.

Genauso sieht es oft bei gesundheitlichen Problemen aus. Ärzte und Pillen sollen helfen, anstatt in sich hineinzuhorchen und dem Körper das zu geben, was er braucht. Es soll schnell eine Symptomvermeidung erreicht werden, sodass man sich mit sich selbst und seinen Problemen nicht auseinander setzen muss. Und schon wieder wird die eigene Macht abgegeben.

Dann gibt es auch die Suche bei Heilern und Co. Gerade in Bali ist das Angebot an Heilmethoden und Therapien erschlagend. Spiritualität und Persönlichkeitsentwicklung sind ein riesiges Business geworden. An jeder Ecke kann dir jemand bei deinen Problemen »helfen«.

Natürlich gibt es viele gute externe Quellen, die Anstöße geben können. Ich selbst habe so auch schon einige Ideen erhalten und konnte viel hinter mir lassen. Und wir alle brauchen manchmal Hilfe von außen. Der Punkt an der ganzen Sache ist nur der, dass Heilung, Glück, die Lebensausrichtung und alle wichtigen Antworten nur in dir selbst zu finden sind. Andere können helfen, ein wenig klarer zu sehen, jedoch muss jeder seine Arbeit für sich selbst erledigen.

Stell dir mal vor, du gehst zu einer Hellseherin, und sie sagt dir, dass dein jetziger Partner nichts für dich ist. Du hast aber ein ganz anderes Gefühl, schenkst ihr dennoch Glauben. Was passiert dann? Wenn du ihr glaubst, dann wird diese Beziehung in die Brüche gehen. In dem Moment gibst du Externen mehr Macht über dich als deinem Gefühl – deinem internen Kompass.

> Wahre Stärke ist nur in dir zu finden. Du weißt die Richtung und was gut für dich ist.
>
> Es ist vollkommen in Ordnung, Hilfe von außen zu erhalten, wenn es nötig ist. Aber gewöhn dich nicht daran, deine Macht an andere abzugeben und andere über dein Leben entscheiden zu lassen.

Ich habe vor Jahren überall nach Richtung und Hilfe gesucht. Diese bekam ich dann auch temporär. Nach kurzer Zeit brauchte ich dann aber wieder Rat und war erneut auf andere angewiesen.

Heute meditiere ich oder mache Breathwork, was mir sofort zeigt, was ich gerade brauche. Es ist für mich der schnellste Weg zurück zu meinem Herzen. Und ich kann es allein machen und brauche nichts von außen. Die Antworten, die ich erhalte, kommen aus mir. Ich brauche dafür nur mich selbst. Da kann niemand und nichts das Ergebnis manipulieren oder mir eine falsche Richtung vorgeben. Denn ich bin voll und ganz bei mir.

Workshops, Seminare, Bücher, Vorträge, Retreats ... All diese Dinge können dir einen Kick geben, Ideen vermitteln, Wege aufzeigen und dir klar machen, was in dir schlummert. Nur diejenigen, die dich ermächtigen und dir zeigen, dass du es selbst kannst, sind wertvoll.

> Heilung geschieht in dir. Also bist du die Person, die für die Heilung und deine Entwicklung verantwortlich ist. Andere können Inspiration und Motivation geben, aber sie können dich nicht heilen. Die eigentliche Heilung geschieht in deinem Körper und Geist, durch deinen eigenen Willen. Durch deine eigene Macht.

Du bist perfekt, so, wie du bist

Ich war vor einigen Jahren in einem mehrwöchiges Seminar, in dem die Teilnehmer in einer Art Trance waren und anfingen zu weinen, schreien, tanzen und auch hysterisch zu lachen.

Ich erwartete von mir dann auch, dass ich schreien und weinen würde. Dies passierte aber nicht. Ich fühlte erst mal einfach nur unglaublich viel Energie, Liebe und pures Glück. Ich wollte aber auch durch dieses intensive Erlebnis gehen wie die meisten anderen. Nun waren aber schon vier Tage vergangen ...

Danach machte es endlich »Klick« in meinem Kopf. Es gab gerade nichts zu heilen. Mir ging es irre gut, und mein Leben war wunderbar. Warum sollte ich also nach etwas suchen, was ich vor Jahren schon geheilt hatte?

Und exakt genauso ist es bei vielen anderen Menschen auch. Sie suchen und suchen und glauben, dass sie so, wie sie sind, noch nicht perfekt sind. Ab einem gewissen Punkt ist die Heilung aber abgeschlossen und du musst in deine Macht treten und das tun, was du tun willst oder wofür du hier bist.

Solange du dich auf deine Heilung konzentrierst, geht es die ganze Zeit um den wunden Punkt und nicht um deine Liebe, um deine Power und die Macht, die du über dich und dein Leben besitzt. Du wirst dich konstant kleinhalten, weil du es möchtest. Du traust dich nicht, dir deine Macht einzugestehen und diese in die Welt hinauszutragen und mit anderen zu teilen. Du kannst in der Zeit deine Perfektion nicht wahrnehmen, da deine Wahrnehmung mit genau dem Gegenteil davon beschäftigt ist.

Deine Essenz bleibt aber immer dieselbe und verändert sich durch zwanzig weitere Heilsitzungen und fünf neue Selbsthilfebücher nicht. Du sendest so nur die Energie hinaus, dass dir etwas fehlt – immer noch! Dabei fehlt dir vielleicht gar nichts. Du bist jetzt schon perfekt, genauso, wie du es gerade bist.

Wir neigen dazu, nach Perfektion zu streben und Fehler zu finden, die wir deutlich machen wollen. Was ist, wenn es aber gar nichts mehr zu heilen oder zu verbessern gibt? Was ist, wenn du dich in der Rolle des verletzten Wesens einfach nur komfortabel fühlst und es deshalb fortführst?

> Alles ändert sich mit deiner Entscheidung, dass du ganz genau so bist, wie du sein sollst. Akzeptanz ist die größte Heilung von allen. Liebe deine Schwächen, und begib dich auf das nächste Level.

Das nächste Level ist nämlich das, zu tun, was du tun möchtest, das, was du durch deine limitierende Denkweise bisher nicht zugelassen hast. Wirklich ändern kann sich nämlich erst etwas in deinem Leben, wenn du dich dazu entschließt, deine Komfortzone zu verlassen und die Schritte zu gehen, die du gehen möchtest, es dir aber bisher nicht zugetraut hast.

Erst wenn du in Aktion trittst, wirst du selbstsicherer und schubst deine Entwicklung ordentlich an. Nichts gegen den Heilungsprozess, den viele von uns benötigen. Ich habe auch viele Yogaeinheiten gebraucht, viel meditiert, Therapien erhalten und viele Bücher gelesen.

Aber ab einem gewissen Punkt reicht es dann auch. Sonst verläuft dein ganzes Leben so, und du übergibst die Verantwortung für dein Leben deinen Wunden anstatt deinem

Licht. Und wie wir alle wissen, ziehen wir genau das an, was wir denken und fühlen. Es ist also nur logisch, Gedanken zu kreieren, die einen da hinbringen, wo man sein möchte.

MANTRA

Ich liebe mich, so, wie ich bin.
Ich akzeptiere mich, so, wie ich bin.
Ich bin ein Geschenk Gottes und perfekt genau so, wie ich bin.

Rise like a phoenix

Wir stehen jeden Morgen auf und entscheiden, was wir aus dem Tag machen. Wir entscheiden, ob wir an unseren Erfahrungen zerbrechen oder ob wir daran wachsen. Denn Erfahrungen bringen uns neue Einsichten, Herausforderungen und Möglichkeiten. Altes kann im Feuer verbrennen, und du steigst als neues Ich auf. Altes fällt von dir ab und bietet dir die Möglichkeit zu einem neuen Leben auf einem ganz anderem Level.

Ich finde, dass der Phoenix ein wundervolles Symbol für Wachstum ist.

Im Christentum symbolisiert er die Auferstehung. Er soll bei Sonnenaufgang verbrannt und aus seiner Asche wieder als Vogeljunges auferstanden sein. Viele kennen die Redewendung »Wie Phönix aus der Asche auferstehen«. Sie besagt, dass etwas, was verloren schien, wieder zu neuem Leben erwacht. Die Schamanen glauben, dass der Phönix Reinigung ins Leben bringt, wenn er plötzlich als Krafttier auftaucht. Dann ist es an der Zeit, sich von altem Ballast zu lösen, der Vergangenheit nicht nachzutrauern und einfach loszulassen. Der Phönix hilft bei der Transformation. Und alles, was traurig, ängstlich oder krank macht, wird von ihm in das Feuer der Reinigung gegeben.

Was gehen, was sich verabschieden soll, das verbrennt im Feuer. Was bleiben soll, bleibt bestehen, oder es verbrennt und steht erstarkt wieder auf.

Die Legende des Phönix besagt auch, dass man mit neuer Kraft und mit neuem Mut voranschreiten kann, nachdem man durchs Feuer gegangen ist. Mithilfe des Phönix gehen Menschen nach dieser außergewöhnlichen Transformation stärker, strahlender, mutiger und fröhlicher ihren Weg. Das Verbrennen des Alten kann verdammt schmerzhaft sein. Doch langfristig gesehen, wäre es noch schmerzhafter, an Altem festzuhalten und keinen Wandel zuzulassen.

Der Phönix steht also auch dir mit all seiner Macht zur Seite, jedoch musst du dafür bereit sein, mit ihm durchs Feuer zu gehen. Wer etwas gewinnen möchte, muss etwas opfern. Wer geboren wird, wird auch sterben.

Egal, was in deinem Leben auch passieren mag oder auch schon passiert ist, stehe immer wieder auf. Wir alle haben uns schon verbrannt. Das heißt aber noch lange nicht, dass es dann an der Zeit ist aufzugeben. Ganz im Gegenteil: Stehe auf und werde noch stärker als zuvor.

> Wenn du gefallen bist, stehe auf, richte deine Krone, handle aus Liebe heraus und gestehe dir deine eigene Macht ein. Du bist Schöpfer deines Lebens. Das Leben gleicht dem Wasser. Wenn du schwimmst, hältst du dich nicht am Wasser fest. Sonst würdest du ertrinken. Du vertraust, entspannst dich und lässt dich treiben.

Aus Liebe und der eigenen Macht heraus zu handeln ...
    ... bedeutet für mich:
- zu allem Nein zu sagen, was kein richtiges Ja ist.
- keine Kompromisse einzugehen, die sich falsch oder begrenzt anfühlen.

- Ja zu mir selbst und meinen Bedürfnissen und Träumen zu sagen, denn wenn ich Nein in meinem Inneren empfinde, dann gebe ich mir automatisch nicht den Wert und die Liebe, die ich verdiene.
- Ängste Ängste sein zu lassen und trotzdem meinen Weg zu gehen.
- anderen auf ihrem Weg zu helfen, denn ich liebe es, andere persönlich wachsen zu sehen.
- voll und ganz ich selbst zu sein, ohne Wenn und Aber.

Ein paar Worte zum Schluss

Wenn du dich für die Angst entscheidest, wirst du nie wissen, was das Leben für dich bereithält. Du wirst dir selbst aus Angst heraus so viele Grenzen setzen, dass du in deiner eigenen kleinen Box lebst. Du kannst nicht mehr sehen, dass es unendlich viele Möglichkeiten für dich gibt. Du wirst auch die Stimme des Herzens nicht mehr hören können, da der Kopf zu laut, zu dominant ist.

Angst kreiert Zombies. Du selbst kannst sie überall sehen.

Anstatt Fülle erhältst du Begrenzungen.

Anstatt Liebe fühlst du Angst.

Anstatt in Freiheit lebst du in einer Box.

Stell dir einmal vor, du würdest etwas gern machen, tust es aber nicht, weil die Stimme in deinem Kopf dir sagt, dass es nicht geht, du nicht gut genug bist und es nicht verdient hast. Wenn du jetzt mal kurz darüber nachdenkst, wirst du bemerken, dass du ein Gefangener dieser Stimme bist.

Wenn du ihr immer Glauben schenkst, dann hast du verloren. Du wirst nie das machen, wofür du eigentlich hier bist. Du wirst dich immer kleinhalten und deine Grenzenlosigkeit nicht wahrnehmen können.

Befreie dich selbst!

Du kannst das Gefängnis verlassen, wenn du dich traust. Was auf dich wartet, ist ganz wundervoll. Dein Leben wird sich grundlegend ändern, wenn du der Angst keine Macht mehr zugestehst. Wenn du weißt, dass du dich jeden Tag für den Mut entscheiden kannst.

> Angst ist keine Option.
> Angst ist ein Gefängnis.
> Und du bist hier, um frei zu sein.
> Es ist dein Geburtsrecht.

Du wirst dich jeden Tag neu dafür entscheiden müssen. Denn es wird Hindernisse geben: Menschen, Erfahrungen und Situationen, die es dir an manchen Tagen nicht leicht machen. Es geht darum, dir immer wieder deine eigene Stärke einzugestehen und zu spüren, dass du über allen Ereignissen und Geschehnissen stehst. Dass dir nichts deine Stärke rauben kann. Es wird Zeiten geben, in denen das Leben anstrengend ist. Aber genau das sind die Zeiten, in denen wir lernen und wachsen. Es sind Zeiten, die uns testen.

Liebe rockt!

Wenn jemand etwas aus Liebe heraus tut, spürst du das. Du spürst die Seele dahinter. Es ist nichts Leeres, nichts Antrainiertes. Es kommt ganz natürlich von innen heraus.

Wenn etwas mit Liebe gemacht wird, schmeckt es anders. Es hört sich anders an, sieht anders aus und fühlt sich anders an. Du spürst die Essenz dahinter. Die Essenz, die jeder mag und haben möchte, da es das einzig Richtige ist. Liebe nährt, inspiriert, rührt zu Tränen, schenkt Hoffnung. Liebe überschreitet Grenzen und ist stärker als Angst und Hass.

Demütig sein

Und wenn es noch eines gibt, was ich teilen möchte, dann ist es die Bedeutsamkeit der Demut. Uns allen wurde dieses Leben geschenkt. Dieser Planet wurde erschaffen. Wir haben Fähigkeiten und Talente, einen Körper, der wie ein Wunder funktioniert. Und dennoch vergessen wir manchmal, dankbar und demütig zu sein. Wir sind so groß und gleichzeitig so winzig. Wir können Welten erschaffen, und gleichzeitig haben wir nichts zu sagen und werden geführt.

Wir sind Teil der Natur und sollten uns auch als dieser Teil sehen und danach handeln. Ehrfürchtig sein dem gegenüber, was uns geschenkt wurde. Dankbar für die Möglichkeiten, für die Fülle dieses Planeten. Für all die Geschenke, die wir in uns tragen.

> Gib dir selbst die Erlaubnis, ein großartiges Leben zu führen.
> Gestehe dir deine eigene Macht ein, und übernimm deinen Platz auf diesem Planeten.
> Hör auf, klein zu spielen. Du bist für größere Dinge gemacht.
> In jedem von uns steckt eine unsichtbare, jedoch sehr mächtige Kraft. Wenn du diese Kraft entfachst, kannst du jeden Traum und jede Vision zu deiner Realität machen.
> Erinnere dich, wer du bist.

Ich sage Danke, dass du dir die Zeit genommen hast, mein Buch zu lesen. Denn auch das ist nicht selbstverständlich.

Buchempfehlungen

Rüdiger Dahlke: *Peace Food – Wie der Verzicht auf Fleisch und Milch Körper und Seele heilt*, Gräfe und Unzer

Nicole Gibson: *Love out loud*, über www.nicolegibson.com

Jörg Rigbers: *Heilfasten – Wie Sie Ihren Körper natürlich entgiften und erfolgreich entschlacken mit der 7 Tage Fasten-Kur*, Independently published

Markus Schirner: *Atemtechniken: Zahlreiche einfache Atemübungen zur Selbstheilung, Verjüngung und Harmonisierung*, Schirner Verlag

Harriet Griffey
ENDLICH AUSGEGLICHEN
Atmen. Loslassen. Leben.

144 Seiten | Hardcover, zweifarbig,
mit vielen Illustrationen
12 × 16 cm
€ 12,95 (D) / € 13,40 (A)
ISBN: 978-3-95910-122-6

Unsere Welt wird immer hektischer: ob Multitasking im Job, Freizeitstress am Wochenende oder Chaos im Straßenverkehr – die Reizüberflutung lauert überall und unsere Verpflichtungen im Alltag wachsen uns über den Kopf. Kein Wunder, dass wir uns nach Ruhe und Ausgleich sehnen! Harriet Griffeys praktischer Anti-Stress-Helfer nimmt uns genau dabei an die Hand. In ihrem Buch erklärt sie, wie wir individuelle Risikofaktoren erkennen und mit welchen Techniken wir richtig entspannen können. Von Achtsamkeitsübungen über Meditation bis hin zu einem organisierten Zuhause stellt die Expertin unterschiedliche Methoden zur Stressbewältigung vor und gibt hilfreiche Tipps für unsere verschiedenen Lebensbereiche. Einfach mal ausgeglichen und ruhig sein? mit diesem aufschlussreichen und stimmungsvoll illustrierten Buch ab jetzt kein Problem mehr!

WEITERE TITEL VON EDEN BOOKS

Lena Kuhlmann
PSYCHE? HAT DOCH JEDER!
Vom Hin und Her zwischen Herz
und Hirn

256 Seiten | Klappenbroschur
13,5 × 21 cm
€ 16,95 (D) / € 17,50 (A)
Auch als E-Book erhältlich
ISBN: 978-3-95910-150-9

Depressionen, Panikattacken, Essstörungen – psychische Erkrankungen
sind uns längst allen ein Begriff. Doch wie entsteht eigentlich ein seelisches
Ungleichgewicht? Was ist dann zu tun und was ist das überhaupt genau –
diese Psyche? Psychotherapeutin und Bloggerin Lena Kuhlmann räumt
auf charmante Art und Weise mit Vorurteilen über psychische Krankheiten
auf und berichtet, wie es in psychiatrischen Einrichtungen heute wirklich
aussieht. Neben praktischen Tipps, um die Psyche in Schuss zu halten, gibt
sie durch persönliche Anekdoten außerdem einen spannenden Einblick
in ihre tägliche Arbeit: Psychotherapeuten können zwar keine Gedanken
lesen, aber ihr Job besteht aus weit mehr, als nur auf einem gemütlichen
Sessel zu sitzen und »Mhm« zu murmeln.

Folgt Lena Kuhlmann auf ihrer Reise durch die menschliche Psyche und
schaut hinter die Kulissen ihres Therapeutinnenalltags!

Impressum

Evelin Chudak
Freiheit im Herzen
Vertraue deinen Entscheidungen. Impulse für mehr Selbstliebe.
ISBN: 978-3-95910-229-2

Eden Books
Ein Verlag der Edel Germany GmbH
Copyright © 2019 Edel Germany GmbH, Neumühlen 17, 22763 Hamburg
www.edenbooks.de | www.edel.com
1. Auflage 2019

Einige der Personen im Text sind aus Gründen des Persönlichkeitsschutzes anonymisiert.

Projektkoordination: Svenja Monert und Nina Schumacher
Lektorat: Julia Feldbaum
Umschlaggestaltung: Katja Vogt
Coverfoto: © Tle Watcharapun
Layout und Satz: Datagrafix GSP GmbH, Berlin| www.datagrafix.com
Druck und Bindung: optimal media GmbH, Glienholzweg 7, 17207 Röbel/
Müritz

Printed in Germany.

Dieses Buch ist auch als E-Book erhältlich.

Um die kulturelle Vielfalt zu erhalten, gibt es in Deutschland und in Österreich die gesetzliche Buchpreisbindung. Für Sie, liebe Leserin und lieber Leser, bedeutet das, dass Ihr verlagsneues Buch jeweils überall dasselbe kostet, egal, ob Sie Ihre Bücher gern im Internet, in einer großen Buchhandlung oder beim kleinen Buchhändler um die Ecke kaufen.